DICTIONNAIRE
DES MOTS ET DES IDÉES

LES GUIDES POCKET CLASSIQUES

collection dirigée par Claude AZIZA

MICHELINE SOMMANT

DICTIONNAIRE
DES MOTS ET DES IDÉES

SOMMAIRE

PRÉFACE

Voici un ouvrage utile à toutes celles et à tous ceux qui, en fin de cycle primaire et dès les premières années du collège, ont à maîtriser la langue française et à enrichir leur vocabulaire. Maîtriser la langue en sachant la lire, la comprendre, avoir une définition claire des mots qui la composent et enrichir le vocabulaire en découvrant, d'un thème à un autre, d'une idée à une autre, les nombreux mots, en rapport de synonymie ou d'analogie, qui permettent d'apporter les nuances nécessaires à la clarté et à la précision de notre langue.

Cet ouvrage contient les mots fondamentaux de référence de la langue française, ceux qui constituent la base indispensable pour s'exprimer en français. Ils appartiennent à un lexique qui n'est ni trop ancré dans le passé ni trop futuriste. C'est aussi une initiation aux définitions de dictionnaire puisque de nombreux mots font l'objet d'une définition à l'intérieur même du thème développé et dans le lexique en fin d'ouvrage.

Le but de ce dictionnaire est avant tout d'améliorer le vocabulaire de base. La partie encyclopédique est donc restreinte ; elle occupe, la plupart du temps, la rubrique « LE SAVEZ-VOUS ? » à la fin du chapitre.

Pour être très pratique d'utilisation, cet ouvrage est classé thématiquement. Il y a 38 thèmes concrets (ANIMAUX, ARGENT, BRUITS, EAU, FORÊT, MAISONS, etc.) qui permettent d'acquérir, de réviser, d'enrichir le vocabulaire de base.

Chaque thème est organisé autour d'une introduction – plus ou moins longue – suivie de plusieurs paragraphes traitant des divers aspects du thème.

On y retrouvera systématiquement les rubriques suivantes : *thème + verbes, thème + adjectifs* – cela parce que l'on demande de savoir opérer les classifications grammaticales à cet âge –, ainsi que, mais de façon irrégulière compte tenu de la diversité des thèmes proposés, d'autres rubriques telles que *locutions et expressions, thème + métiers*, des tableaux sémantiques, etc.

Cet ouvrage est organisé comme « une leçon de choses sur un thème ». L'enfant peut l'utiliser seul en lisant, par exemple, les différents paragraphes consacrés au *thème + adjectifs* ou en se reportant au tableau des monnaies ou à la liste des cris des animaux..., enrichissant ainsi ses connaissances et son vocabulaire personnels et faisant travailler sa mémoire.

Il pourra aussi consulter l'ouvrage lorsqu'il aura un texte à rédiger sur un thème donné et choisira, parmi les nombreux verbes que l'on trouve en satellite autour d'un thème, celui qui convient le mieux à ce qu'il cherche pour mieux rédiger, écrire avec précision.

L'originalité de ce dictionnaire réside dans le fait que les thèmes sont racontés, illustrés à l'aide de mots. En étant ainsi entièrement rédigé, ce dictionnaire permet de voir fonctionner déjà dans une phrase, avec la rigueur du sens premier du mot, les termes proposés. Cela parce que l'acquisition du vocabulaire est privilégiée par la lecture de texte, ce qui permet à l'enfant de retenir des structures et favorise la fixation de l'orthographe lexicale. Les mots « acquis » au cours de la lecture sont aisément repérables car ils apparaissent dans des **caractères** qui les distinguent.

Les mots faciles à comprendre ne sont pas définis à l'intérieur du texte, l'enfant est censé connaître leur sens. En revanche, les mots plus difficiles (marqués d'un astérisque *) comportent une définition que l'on trouve dans le lexique en fin de volume, auquel l'enfant peut aisément se reporter.

Ce dictionnaire de vocabulaire peut aussi faire l'objet d'une leçon avec un adulte en milieu scolaire qui incitera l'enfant à découvrir, autour d'une idée, tout le vocabulaire que l'on peut développer en langue française. Il pourra ainsi s'exercer à la préparation d'ateliers d'écriture.

Le vocabulaire est essentiel et son acquisition dans les premières années de la vie scolaire est indispensable pour assurer l'expression et la communication des futurs adolescents et adultes. On demande à cet âge de participer à des débats en classe, de formuler avec ses propres mots une lecture entendue, d'élaborer et d'écrire un récit d'au moins vingt lignes. L'enfant est amené à construire des brouillons, à les réviser, à les enrichir...

À une époque où les moyens multimédias et les ordinateurs, les fax, etc., multiplient des messages se devant d'être compréhensibles et précis, il est essentiel d'avoir acquis dès les premiers apprentissages une base indispensable.

Pour s'exprimer à l'écrit comme à l'oral, pour comprendre ou enrichir le vocabulaire de notre langue, ce dictionnaire est une réponse directe, un guide de base fondamental, un aide-mémoire indispensable, dans leur vie quotidienne, aux enfants de CM2-6e et de 5e qui y puiseront mots et idées en rapport avec les thèmes majeurs qui les concernent.

Micheline SOMMANT

AVERTISSEMENT

Les termes de vocabulaire spécifiques à chaque thème développé sont mis en valeur par des **caractères distinctifs** du texte rédigé.

Les mots suivis d'un astérisque * sont répertoriés et définis dans le lexique, à la fin du volume (p. 215).

Lorsqu'il s'agit d'un groupe de mots, sa définition est donnée, sauf exception, au premier des termes de ce groupe. *Ex.* : menue monnaie * → Chercher « menue » dans le lexique.

ABRÉVIATIONS

adj. :	adjectif
adv. :	adverbe
compl. :	complément
Ex. :	Exemple(s)
expr. :	expression
f. :	féminin
fam. :	familier
litt. :	littéraire
loc. :	locution
m. :	masculin
mythol. égypt. :	mythologie égyptienne

DICTIONNAIRE DES MOTS ET DES IDÉES

mythol. grec. :	mythologie grecque
mythol. rom. :	mythologie romaine
n. :	nom
n.f. :	nom féminin (inclus les noms composés)
n.m. :	nom masculin (inclus les noms composés)
pl. :	pluriel (inclus les noms composés)
pr. :	propre
v. :	verbe
= :	égale
≠ :	opposé à

LISTE DES THÈMES

DICTIONNAIRE DES MOTS ET DES IDÉES

LES MOTS
ET LES IDÉES

1. L'ALIMENTATION

Voici la **chaîne alimentaire** :

*1. Le végétal puise
ses ressources dans le sol.*

↓

2. L'animal se nourrit du végétal.

↓

*3. L'homme se nourrit des plantes et
de la chair des animaux.*

↓

*4. Les plantes, les animaux et l'homme
retournent au sol où se nourrit le végétal (→ 1).*

Le pain, le lait, les fromages, les légumes, les fruits, la viande constituent nos principaux **aliments**. L'eau fait aussi partie de notre **alimentation** car on ne pourrait vivre sans boire. Les aliments préparés sont des **mets**.

La **nourriture**, les **vivres** représentent ce que l'on mange pour se nourrir.

La **subsistance** est absolument nécessaire car elle permet à un être vivant de continuer à vivre.

L'ALIMENTATION

L'ALIMENTATION ET LES VERBES

Pour manger, il faut aller **s'approvisionner, se ravitailler, faire son marché**. Si l'on possède des légumes ou des fruits dans son jardin, on les **récolte**. Si l'on **élève** des animaux, comme à la campagne, on les **tue** pour **consommer** leur viande.

Chez soi, on **prépare** les aliments avant de les **manger**, de les **consommer**.

On **pose**, ou pas, une nappe sur la table, on **met**, on **dresse** la table, on **met le couvert** (on peut aussi **garnir, orner** la table avec divers objets), on **place** des serviettes en tissu ou en papier, puis on **sert** à manger.

On peut **manger** seul ou **partager son repas** en **conviant** des parents, des amis (ce sont des convives) qui **prennent place, se placent, se mettent, s'installent, s'assoient** à notre table.

Chacun **se sert, prend** ou **reprend** d'un plat et **mange**, en général, de bon appétit (**absorbe, ingurgite** *, puis **digère** les aliments qui sont ensuite assimilés par le corps).

Une fois le repas terminé, on **sort de table** et on **dessert** la table : on **retire** les couverts, on **ôte** et **empile** les assiettes.

L'ALIMENTATION ET LES ADJECTIFS

Une nourriture peut être **bonne, excellente** ou **mauvaise** ; **suffisante**, même **abondante**, ou au contraire **insuffisante** ; elle peut être **légère** ou **lourde, saine** ou **malsaine, digeste** * ou **indigeste** *, **bénéfique** ou **nuisible** * à la santé.

En hiver, notre alimentation est plus **nourrissante**, plus **substantielle** qu'en été.

Avec des aliments **frais**, on compose des plats **appétissants, délicieux, délicats, savoureux, exquis** *.

Le goût d'un aliment peut varier : tantôt **doux, fade** *,

tantôt **fort** ou **piquant** ; un aliment **écœurant** est **imman-geable**.

Nous pouvons consommer les aliments de plusieurs façons : **salés** ou **sucrés** ; **froids** ou **chauds** ou **tièdes** ; **naturels** ou **assaisonnés** ; **crus** ou **cuits**.

Un repas peut être **frugal** *, **léger**, **maigre**, **sommaire**, **sobre**, ou tout au contraire **copieux**, **plantureux** *, **somptueux** et même **pantagruélique** * (comme ceux du roi de France Louis XIV).

Celui qui aime bien manger est un **gourmet** *, celui qui mange beaucoup est **gourmand**, **glouton** *.

Enfin, pour avoir une bonne santé, il faut avoir une alimentation **saine**, **équilibrée** et **rationnelle** (suffisante mais pas trop abondante).

DIFFÉRENTES SORTES DE REPAS

En France, on prend le **petit déjeuner** le matin. En Angleterre, ce premier repas s'appelle le *breakfast* *, il est plus copieux qu'en France.

On peut également **faire un brunch** (repas pris dans la matinée qui remplace le petit déjeuner et le déjeuner).

À midi, on **déjeune** : c'est le **déjeuner**.

Quatre heures est l'heure du **goûter** pour les enfants ou d'une **collation** (repas léger). Les Anglais, quant à eux, ont l'habitude de prendre le thé ; ce moment s'appelle le *five o'clock*.

Le soir, on **dîne** ou on **soupe** : c'est le **dîner** ou le **souper**.

On peut préparer un **plateau-repas** lorsque, par exemple, on veut regarder la télévision ou lorsque l'on fait une réunion de travail à l'heure du repas.

Voici d'**autres sortes de repas** : le **banquet** (grand repas solennel avec de nombreux invités) ; le **buffet** (ainsi appelé parce que les mets et les boissons sont disposés sur une table où viennent se servir à tour de rôle les invités à une réception) ; le **cocktail** (réunion où sont servis des boissons – des cocktails – et des mets) ; le **festin** (grand repas somptueux) ; le **pique-nique** (repas froid que l'on emporte avec soi et que l'on mange en plein air).

LES LIEUX OÙ L'ON MANGE

À la maison, on mange généralement dans la **salle à manger** ou dans la **cuisine**.

Sur les lieux de travail, des repas sont pris au **réfectoire** ou à la **cantine** (d'une école, d'un lycée, d'une entreprise).

Sur le bord de la route, dans une ville, on s'arrête dans un **restaurant**, un **self-service** *, une **auberge**, un **hôtel**, un **motel** *, une **pension**... pour se restaurer.

Dans un restaurant, on commande un repas : souvent, est proposé le **menu du jour** (repas fixé à un certain prix, servi ce jour-là) mais on peut commander un repas **à la carte** : on choisit sur une liste où est indiqué le prix de chacun des plats que l'on peut consommer. En général, le menu comprend un choix d'entrées, de plats, de fromages, de desserts. On choisit sa boisson dans la **carte des vins**.

On peut bénéficier d'une restauration rapide dans plusieurs endroits : dans un **snack**, on peut acheter des sandwichs, des glaces, des parts de pizza, etc. ; dans une **pizzeria**, on peut consommer, entre autres, des pizzas ; dans une **crêperie**, des crêpes salées ou sucrées, etc.

L'ALIMENTATION ET LES MÉTIERS

Le **restaurateur** tient un restaurant : il sert des repas aux clients.

Le **cuisinier** prépare les repas : il cuisine les aliments, confectionne des plats.

Le **diététicien** ou la **diététicienne** est un médecin ou un spécialiste qui s'occupe des régimes alimentaires et des règles à suivre pour bien équilibrer son alimentation et le nombre de **calories** * des repas.

On achète le pain chez le **boulanger**, la viande chez le **boucher**, la charcuterie chez le **charcutier**, des gâteaux chez un **pâtissier**, du lait et des fromages chez un **crémier** ou un **fromager**, les fruits chez le **fruitier**, les légumes chez le **marchand de légumes**...

On trouve aussi tous ces aliments rassemblés dans les **supermarchés**, les **grandes surfaces** ou sur un **marché**.

LES TYPES D'ALIMENTATION

Celui qui se nourrit surtout de viande est un **carnivore** (le chat, le lion sont des carnivores). Celui qui ne mange que des fruits est un **frugivore**. L'homme mange de tout, c'est un **omnivore**.

Un **végétarien** ne mange pas de viande, mais des légumes, des fruits, des produits laitiers, des œufs et du poisson. Un **végétalien** ne mange que des fruits et des légumes.

Certains malades doivent suivre un **régime alimentaire** (manger certains aliments seulement) ou sont mis à la **diète** (ils mangent peu ou aucun aliment). **Rester à jeun** ou **jeûner**, c'est ne rien manger.

Il y a **suralimentation** dans les pays où les gens mangent plus qu'il ne faut.

Il y a **sous-alimentation** dans les pays où les gens ne mangent pas à leur faim, meurent de faim.

LE SAVEZ-VOUS ?

• Proverbe : « Il faut manger pour vivre et non pas vivre pour manger. » Cette phrase, écrite par Molière dans sa pièce *L'Avare*, veut dire qu'il faut se nourrir pour rester en vie mais ne pas vivre uniquement pour manger.

Voir aussi LES FRUITS ET LES LÉGUMES

2. LES ANIMAUX

Les mammifères *, les oiseaux, les insectes, les poissons, les coquillages, les crustacés, les reptiles, les mollusques... sont des **animaux**.

La **faune** est l'ensemble des animaux d'une région.

Une **ménagerie** est un groupe d'animaux présentés pour des numéros de cirque.

LES ANIMAUX ET LES VERBES

Le fermier **élève**, **nourrit**, **engraisse**, **traite** des animaux pour les **vendre**. Il peut **sélectionner**, **accoupler** *, **croiser** *, **métisser** * certaines espèces, certaines races pour la reproduction. (Un animal dont on ne veut pas la reproduction est **castré** *, **châtré** *.)

Les animaux ne font pas tous les mêmes mouvements, les mêmes actions : certains **volent**, d'autres **rampent** ou **marchent** ou **courent** ou **sautent**.

Quand un animal est sauvage, on peut essayer de le **domestiquer**, l'**apprivoiser**, le **dompter**, le **dresser**. S'il vient d'un autre pays, il faut l'**acclimater** à nos régions.

On **attache** un animal pour le **retenir** (le chien : avec une laisse, le cheval : avec un harnais). On le **détache** pour le rendre libre.

Les animaux sont parfois menacés : à l'automne, les

chasseurs **chassent** et **tuent** du gibier. Des personnes méchantes **maltraitent**, **rossent** *, **battent**, **abandonnent** des animaux. Dans certaines religions, on **sacrifie** des animaux.

Le naturaliste **naturalise** * un animal mort ; l'empailleur est chargé de l'**empailler** *.

Le boucher **équarrit** *, **dépèce** *, **débite** * la viande des animaux abattus qu'il reçoit.

LES ANIMAUX ET LES ADJECTIFS

Le chat est un animal **domestique**, le loup est un animal **sauvage**. Un animal **dressé**, **apprivoisé**, **domestiqué** n'est plus **féroce**. Il devient **doux**, **familier**. Le dauphin est un animal **inoffensif** mais la vipère est **venimeuse** * et le requin, **dangereux**.

Il existe des animaux **terrestres** comme le lion, **aquatiques**, **marins** comme les poissons, **amphibies** * comme la grenouille.

Il existe des animaux **herbivores** (qui mangent de l'herbe) comme la vache, **granivores** (des grains) comme certains oiseaux, **frugivores** (des fruits) comme l'écureuil, **omnivores** (de tout) comme le porc, **carnivores** (de la chair) comme le chat, **insectivores** (des insectes) comme le fourmilier *, **ichtyophages** (des poissons) comme le phoque.

Il existe des animaux **nuisibles** * comme les campagnols * qui détruisent les récoltes, des animaux **utiles** comme la coccinelle qui mange les pucerons et des animaux **parasites** * comme le pou, la puce.

Le tigre est un animal **chasseur** ; l'aigle : **prédateur** (il attrape des proies *) ; la taupe : **fouisseur** * ; le kangourou : **sauteur** ; la loutre : **nageur** ; l'autruche : **coureur** ; l'hirondelle : **migrateur** *.

Enfin, il existe des animaux **savants** que l'on montre dans les cirques.

En Inde, la vache est un animal **sacré**.

La licorne * est un animal **fabuleux**, **fantastique**.

LES ANIMAUX ET LEUR ASPECT

Corps

Certains animaux possèdent un **pelage** : leur corps est couvert de poils (comme le chat) ; d'autres ont un **plumage** : leur corps est couvert de plumes (comme l'oiseau) ; d'autres ont le corps recouvert d'**écailles** (comme le poisson).

Membres

Certains animaux se déplacent sur **deux pattes** (les **bipèdes**) comme l'autruche, d'autres sur **quatre pattes** (les **quadrupèdes**) comme le chien.

Certains animaux nagent grâce à leurs **nageoires** (comme le poisson), à leurs **pattes palmées** (comme le canard) ; attrapent leur proie * avec leurs **serres** * (comme l'aigle) ; d'autres ont des **pattes longues**, des **échasses** * (comme le flamant rose), des **pattes** et des **griffes** (comme le chat), des **jambes** et des **sabots** (comme le cheval).

Les poissons ont des **nageoires**, des **ouïes** * ; les oiseaux, les insectes ont des **ailes** et des **pattes**.

Particularités

Le rhinocéros porte une **corne** ; la gazelle : **deux cornes** ; le cerf : des **bois** ; l'éléphant a des **défenses d'ivoire** ; le dromadaire a une **bosse** sur le dos.

Nez

L'éléphant possède une **trompe** ; l'oiseau : un **bec** ; le rat, le chien : un **museau** ; le porc : un **groin**...

PLUSIEURS SORTES D'ANIMAUX

Voici des **animaux domestiques** : l'âne, le chat, le chien, le lapin, la vache...

Voici des **animaux sauvages** : l'antilope, le bison, le buffle, le cerf, le chacal, le chamois *, la gazelle, la hyène, le jaguar, le lion, le loup, la panthère, le puma, le rhinocéros, le zèbre...

Voici des **animaux préhistoriques** : le **brontosaure** *, le **dinosaure** *, le mammouth, le **mastodonte** *, le **diplodocus** *...

Voici des **animaux légendaires** : l'**alcyon** *, le **centaure** *, la **chimère** *, le dragon, le **faune** *, la **Gorgone** *, l'**hydre** *, la **licorne** *, le **Minotaure** *, le **phénix** *, la sirène, le **sphinx** *...

LES LIEUX D'HABITATION

On trouve des animaux **en cage** ou **dans la nature**. On va les visiter dans un **zoo** ou un **parc zoologique** ou une **ménagerie** (où ils sont gardés dans des cages, derrière des grilles, dans des espaces restreints) ou bien dans un **parc naturel** (où ils évoluent en liberté).

Animaux domestiques

Chat	Chien	Poulet	Cheval	Taureau Bœuf
Corbeille	Niche	Basse-cour Poulailler	Écurie (Enclos *)	Étable

Porc	Pigeon	Bélier Mouton	Lapin	Canard
Porcherie	Pigeonnier Nid	Bergerie	Clapier	Poulailler (Mare)

LES ANIMAUX

Animaux sauvages

Lion	Loup	Renard	Souris	Lièvre
Antre	Repaire Tanière	Terrier	Trou	Gîte
Brousse	Forêt	Bois	Grenier Maison Champs	Champs Labours

Aigle	Sanglier	Ours	Cerf	Éléphant
Aire	Bauge	Nid Repaire Antre Tanière		
Sommet des montagnes	Forêt	Forêt	Forêt	Savane Brousse

LA FEMELLE ET LES PETITS

Chat	Chien	Poulet	Cheval	Taureau Bœuf
Chatte Chaton	Chienne Chiot	Poule Poussin	Jument Poulain	Vache ⎰Génisse (f.) ⎱Veau (m.)

Porc	Pigeon	Bélier Mouton	Lapin	Canard
Truie ⎰Goret ⎱Porcelet	Pigeonne Pigeonneau	Brebis Agneau	Lapine Lapereau	Cane ⎰Caneton (m.) ⎱Canette (f.)

Lion	Loup	Renard	Souris	Lièvre
Lionne Lionceau	Louve Louveteau	Renarde Renardeau	Souriceau	Hase Levraut

Aigle	Sanglier	Ours	Cerf	Éléphant
Aigle Aiglon	Laie Marcassin	Ourse Ourson	Biche Faon	Éléphante Éléphanteau

LES ANIMAUX ET LES MÉTIERS

Le **vétérinaire** soigne les animaux.
Le **biologiste** étudie les organismes animaux.
Le **zoologiste** étudie les animaux.
L'**entomologiste** étudie les insectes.
L'**ornithologue** étudie les oiseaux.
Le **naturaliste** prépare les animaux morts pour leur conservation dans des collections.
L'**éleveur** élève des animaux ; l'**entraîneur** entraîne des animaux pour des courses.
Le **palefrenier** entretient et soigne les chevaux.
L'**écuyer**, l'**écuyère** et le **jockey** montent les chevaux.
Le **cornac** soigne et conduit les éléphants.
L'**ânier** conduit des ânes.
Le **charmeur** dresse des serpents ; le **dompteur** et le **dresseur** domptent, dressent des animaux pour un numéro.
Le **chasseur** chasse et tue des animaux ; le **pêcheur** pêche des poissons.
Le **boucher**, le **charcutier** découpent et préparent la viande des animaux tués dans un **abattoir** (endroit où l'on abat les animaux destinés à la boucherie).

LOCUTIONS ET EXPRESSIONS

Au jeu de la devinette, on **donne sa langue au chat** quand on veut connaître la réponse, la vérité, qu'on admet ne pas pouvoir trouver seul.
S'entendre comme chien et chat, c'est mal s'entendre, se chamailler.
Dans une affaire, quand deux personnes sont en désaccord, on **ménage la chèvre et le chou**, c'est-à-dire que l'on s'efforce de tenir compte des intérêts de l'un et de l'autre.
Courir comme un zèbre, c'est courir très rapidement.
« J'ai **un mal de chien** à faire démarrer ma voiture ! » veut dire que j'ai beaucoup de mal à la faire démarrer.

Monter sur ses grands chevaux *(fam.)* signifie s'emporter, se mettre brusquement en colère.

Être malade comme un chien, c'est être très malade.

Se battre comme un lion, c'est être très courageux, se battre vaillamment.

LE SAVEZ-VOUS ?

• C'est **Linné** qui, le premier, a fait un classement scientifique des animaux au XVIIIᵉ siècle.

• La **SPA** (Société Protectrice des Animaux) a été créée en 1845. Elle recueille et soigne les animaux abandonnés, malades, maltraités.

• Un **peintre animalier** peint des tableaux représentant des animaux.

• Dans l'Antiquité, les Égyptiens adorèrent des dieux qui avaient la forme d'un animal ou d'un homme avec des attributs d'animaux.

Ex. : **Horus** était symbolisé par un faucon (ou un soleil ailé), **Apis** était représenté sous la forme d'un taureau et **Anubis** avait une tête de chacal.

• Dans ses *Fables*, le poète français **La Fontaine** (1621-1695) a mis en scène de nombreux animaux : « La Cigale et la Fourmi », « Le Corbeau et le Renard », « Le Lion et le Rat », « Le Chat, la Belette et le petit Lapin »...

Voir aussi LES BRUITS ET LES CRIS
LES INSECTES
L'OISEAU
LES POISSONS

3. LES ARBRES

Il y a beaucoup d'arbres, en France, dans les jardins, au bord des routes, près des rivières, dans les forêts... à la ville et à la campagne.

Certains fournissent des fruits : ce sont les **arbres fruitiers**, comme l'abricotier, le poirier, le noyer...

D'autres sont des arbres (ou arbustes) **décoratifs**, **ornementaux**, comme le genêt, le seringa, le magnolia...

D'autres encore sont utilisés pour leur **bois** et leur **résine** : le bois de rose (décoratif), l'acajou *, le chêne, le pin...

Un arbre se compose d'un **tronc**, de **branches**, de **feuilles** ou parfois d'**aiguilles** (comme le sapin). La **sève** circule dans l'arbre. La **résine** coule du tronc. L'**essence** est l'espèce de l'arbre.

L'**arbuste**, l'**arbrisseau** sont de petits arbres.

On compte l'âge d'un arbre d'après le nombre de cernes qui figurent sur la coupe transversale du tronc, à partir du cœur : un cerne clair + un cerne sombre = 1 an.

———————————

L'ARBRE ET LES VERBES

L'arbre **s'élève**, **pousse**, **croît** *, **se dresse** dans la forêt.

Il **porte des bourgeons** au printemps, **des feuilles** en été, **s'effeuille** en automne et **se dénude** en hiver.

LES ARBRES

En hiver, le jardinier **plante** les arbres ; il **déplante** ou **transplante** les jeunes scions (pousses de l'année) de la pépinière. Au début du printemps, il **greffe** * les jeunes plants et **taille** les arbres fruitiers. En été, en automne, il **secoue** les arbres pour **récolter** les fruits, ou les **cueille** aux branches.

Le bûcheron **abat** les arbres de la forêt avec une hache, une cognée *, ou une scie, une tronçonneuse * ; il **étête** * ou **écime** * l'arbre en coupant le sommet, l'**ébranche** * ou l'**élague** * en coupant les branches.

L'ARBRE ET LES ADJECTIFS

Un arbre peut être **chétif** *, **rabougri** *, **dénudé**, **mort**, ou bien **feuillu**, **magnifique**, **majestueux** ; **noueux**, **touffu**, **vert**, **vigoureux**.

Des arbres peuvent être **serrés** ou **espacés**, **disséminés** * dans les champs.

LES FAMILLES DES ARBRES

Voici des **arbres** que l'on peut trouver **dans la forêt** : le **peuplier**, le **chêne**, le **hêtre**, le **bouleau**, le **charme**...

Voici des **arbres fruitiers** : le **pommier**, le **poirier**, le **cerisier**, le **pêcher**, le **cognassier** *, l'**abricotier**, l'**amandier**, le **noyer**... Le **groseillier** et le **framboisier** sont des arbrisseaux.

Il existe d'**autres espèces** comme les **conifères** qui, pour la plupart, ne perdent jamais leur feuillage : le **pin**, le **mélèze** *, le **cèdre**, le **sapin**, le **séquoia** *, le **thuya** *, le **gingko** *, l'**épicéa** * sont des **conifères**. Le **santal** *, le **baobab** *, l'**acajou** *, l'**ébène** * sont des bois exotiques.

Voir aussi LA FORÊT
LES FRUITS ET LES LÉGUMES
LA MONTAGNE

LES ARBRES

LE BOIS DES ARBRES ET SES MÉTIERS

Les principaux métiers où l'on utilise essentiellement le bois comme matériau sont ceux de la **menuiserie**, de l'**ébénisterie**, de la **charpenterie**.

Le **menuisier** débite le bois en planches, scie, cloue, assemble, fait des meubles, des fenêtres, des escaliers, des portes...

L'**ébéniste** fabrique lui aussi des meubles qu'il ponce, teinte, vernit. Il peut créer une **patine** *. Il peut faire de la **marqueterie** *.

Le **charpentier** dessine, coupe, assemble les morceaux de bois avant de monter sa charpente.

Le **pépiniériste** fait pousser toutes sortes d'arbres pour les vendre.

LOCUTIONS ET EXPRESSIONS

Un **arbre de Noël** est un sapin que l'on décore pour le 25 décembre de chaque année.

Être fort, solide comme un chêne, c'est être très robuste.

C'est au fruit qu'on connaît l'arbre : c'est d'après l'œuvre que nous avons faite que l'on peut nous juger.

L'arbre des philosophes, dans l'ancienne chimie, était le nom que l'on donnait au mercure.

LE SAVEZ-VOUS ?

• Comment faire un **arbre généalogique** ? Il faut rechercher le nom de nos grands-parents, puis le nom de leurs parents, puis des parents de ceux-ci, et ainsi de suite... Cette science s'appelle la **généalogie** *. On utilise comme point de départ le livret de famille où sont mentionnés le nom de nos parents et ceux de leurs propres parents. Le nom du lieu de naissance y est inscrit aussi. Lorsque la famille elle-même ne connaît pas le nom de ses grands-parents, elle doit se renseigner auprès de la mairie de leur lieu de naissance (par courrier, les renseignements donnés sont gratuits).

4. L'ARGENT ET LES MONNAIES

Une pièce de monnaie a une partie **pile** * et une partie **face** * ; on dit aussi : un **revers** * et un **avers** *. Un commerçant va chercher de l'argent à la banque : il demande de la monnaie sous forme de **rouleaux** de pièces et de **liasses** de billets.

La **monnaie** est l'ensemble des pièces, des billets que l'on tient dans la main, que l'on glisse dans sa poche ou que l'on range dans un **porte-monnaie**. On peut compter précisément sa monnaie grâce aux billets et aux pièces. En France, la monnaie est l'**euro**, ou €, depuis 1999. Le franc (F) a été retiré de la circulation en 2001.

L'**argent** représente l'ensemble des biens et des richesses que l'on peut posséder. On **évalue** * son argent. Ainsi, on peut avoir beaucoup ou peu d'argent.

L'ARGENT ET LES VERBES

On **amasse**, **possède**, **entasse**, **thésaurise** * (économise), **exploite**, **fait prospérer** * ses richesses, son argent, sa fortune, ses gains.

On **perçoit**, **touche**, **palpe** *(fam.)* de l'argent ou on le **réclame** à ceux qui nous en **doivent**.

Avec de l'argent on peut **acheter**, **payer** un achat.

On **range** sa monnaie, sa menue monnaie *, dans un portefeuille, un porte-monnaie, une bourse.

On **obtient** de l'argent de diverses façons : on peut **hériter** d'une fortune, ou **recevoir** de l'argent aux étrennes *, aux anniversaires ou en récompense d'une bonne action ; la façon la plus courante de **gagner de l'argent** est de travailler. Certaines personnes peuvent gagner de l'argent en jouant à des jeux divers : le tiercé, le loto, la roulette.

Il est prudent d'**économiser** de l'argent ou de **mettre de l'argent de côté**. Il arrive que certaines personnes **gardent** chez elles de l'argent dans des cachettes, des coffres. Cependant, la plupart des gens le **mettent** à la banque. La banque est un établissement dans lequel on peut **déposer**, **retirer** ou **échanger** de l'argent. On peut ainsi **conserver** son argent en le versant sur un compte en banque ou en l'**échangeant** contre des bons, des actions, pour le **faire fructifier** *.

Celui qui ne peut **garder** son argent l'**engloutit**, le **gaspille**, le **dilapide** *, le **dépense** : il **perd** son argent, sa fortune.

Une personne malhonnête **extorque** * de l'argent à une autre personne.

Certaines personnes **étalent**, **montrent** leurs richesses, leur fortune. D'autres, au contraire, préfèrent par prudence les **cacher**, les **dissimuler**.

L'hôtel des Monnaies, à Paris, **bat la monnaie** * française : elle **émet** *, **frappe** *, **fabrique** des pièces de monnaie et des billets.

L'ARGENT : LOCUTIONS ET ADJECTIFS

Un homme qui possède de l'argent, beaucoup d'argent, **dispose de ressources * abondantes**. On dit qu'**il roule sur l'or** *(fam.)* : il est **riche**, **argenté**, très **aisé**.

Une personne qui a fait un riche héritage se retrouve **à la tête d'une fortune immense**, **énorme**, **fabuleuse**, **inouïe**, **considérable**, **colossale**.

33

Celui qui n'a pas d'argent est **dépourvu** (d'argent), **désargenté**, **sans argent** : il est **pauvre**, **indigent** *, **démuni** comme l'est le mendiant qui quête et quémande * dans la rue.

D'une personne qui n'aime que l'argent, on dit qu'elle est **cupide** *, **avare**, qu'elle est **assoiffée de richesses**, qu'elle **a le culte de l'argent** (comme **Harpagon** * ; *voir* p. 36 LE SAVEZ-VOUS ?). Celle qui s'en moque **sème**, **jette son argent par les fenêtres**.

« **C'est un panier percé** » *(fam.)* se dit d'une personne qui est **prodigue** *, **dépensière**.

L'ARGENT ET LES MÉTIERS

Le **banquier** possède une banque ou la dirige.

L'**agent de change**, dans une banque, fait du change : il échange la monnaie étrangère (**devise étrangère** *) contre de la monnaie française (**devise** française).

Le **caissier** reçoit l'argent des clients d'une banque ou bien leur en remet.

Le **percepteur** perçoit les impôts des Français (somme d'argent que chaque contribuable doit payer à l'État).

LES PRINCIPALES MONNAIES DU MONDE

Voici de nombreuses monnaies utilisées dans beaucoup de pays du monde, listées dans le tableau ci-contre.

Mais attention ! si les monnaies de deux pays possèdent le même nom (*Ex.* : le dollar canadien et le dollar américain, la livre anglaise et la livre chypriote, le franc suisse et le franc CFA...), elles ne correspondent pas à la même valeur.

Il existe aussi le **cruzeiro**, au Brésil, la **gourde** à Haïti, le **leu** en Roumanie, le **sucre** en Équateur, le **rouble** en Russie, etc.

Il existait également la **drachme** en Grèce (maintenant l'**euro**) et le **florin** aux Pays-Bas (maintenant l'**euro**).

L'ARGENT ET LES MONNAIES

Couronne

Danemark
Estonie
Islande
Norvège
Slovaquie
Suède
Tchécoslovaquie ·

Dinar

Algérie
Bahrein
Irak
Jordanie
Koweit
Libye
Soudan
Tunisie
Yougoslavie

Dollar

Australie
Bahamas
Canada
Équateur
États-Unis
Fidji
Grenade
Guyana
Jamaïque
Liberia
Namibie
Nouvelle-Zélande
Singapour
Taiwan
Zimbabwe

Escudo

Cap-Vert
Portugal[1] (Euro)

Euro

Allemagne
Andorre
Autriche
Belgique

Espagne
Finlande
France
Grèce
Irlande
Italie
Luxembourg
Monaco
Pays-Bas
Portugal
Saint-Marin
Vatican

Franc

Andorre[1] (Euro)
Belgique[1] (Euro)
Bénin
Burkina
Burundi
Cameroun
Centrafricaine (République)
Comores
Congo
Côte-d'Ivoire
Djibouti
France[1] (Euro)
Gabon
Guinée
Liechtenstein
Luxembourg[1] (Euro)
Madagascar
Mali
Monaco[1] (Euro)
Niger
Rwanda
Sénégal
Suisse
Tchad
Togo

Livre

Chypre
Égypte
Grande-Bretagne
Irlande[1] (Euro)
Liban
Malte

Syrie
Turquie

Mark

Allemagne[1] (Euro)
Bosnie-Herzégovine
Finlande[1] (Euro)

Peso

Argentine
Chili
Colombie
Cuba
Dominicaine (République)
Mexique
Philippines
Uruguay

Rial

Arabie Saoudite
Iran
Oman
Qatar (Riyal)
Yémen

Roupie

Bhoutan
Inde
Indonésie
Maurice (Île)
Népal
Pakistan
Seychelles
Sri-Lanka

Shilling

Kenya
Ouganda
Somalie
Tanzanie

Schilling

Autriche[1] (Euro)

1. Ces pays sont cités sous le nom de leur ancienne monnaie, remplacée par l'euro ; celui-ci a été mis en place le 1er janvier 1999.

LE SAVEZ-VOUS ?

• D'où vient le mot **monnaie** ? Du latin *moneta* qui veut dire : « qui avertit ». *Moneta* était le surnom de Junon « mère des Muses » : au temple où elle était adorée à Rome, on frappait la monnaie dans l'Antiquité.

• Des proverbes : « Le temps, c'est de l'argent. » « Qui paie ses dettes s'enrichit. » « L'argent ne fait pas le bonheur. »

• Une comparaison : « Être riche comme Crésus. » **Crésus** était un roi de Lydie (en Asie Mineure) du VIe siècle avant J.-C., célèbre par ses richesses qu'il montrait au grand jour.

• Dans sa célèbre pièce *L'Avare*, l'auteur français **Molière** (1622-1673) raconte les mésaventures du principal personnage, l'avare **Harpagon** *.

• L'opération appelée « **Pièces jaunes** », qui se déroule une fois par an depuis 2000 en France, a pour but de récolter toutes les pièces de couleur jaune ou bicolores qui serviront ensuite à améliorer les conditions de vie des enfants malades.

5. LES AVIONS

Les avions de ligne * courants sont constitués d'un **fuselage** * avec, à l'avant, le poste de pilotage ou **cockpit** * (dans la **carlingue** *) où se trouvent le pilote et le copilote. L'**altimètre** *, le **tableau de bord** se trouvent dans le poste de pilotage.

L'autre partie de l'avion est essentiellement composée des places pour les passagers et de la **soute** * à bagages. Les avions sont propulsés par des **hélices** ou des **moteurs à réaction** *. Un avion possède des **ailes** où sont visibles des **réacteurs**. Les ailes sont munies de volets articulés ou **ailerons** *.

Les **trains d'atterrissage** * sont ouverts au moment où l'avion entreprend de se poser sur la piste.

L'**office** où restent les membres de l'équipage (autres que le pilote et le copilote) se trouve généralement à l'arrière de l'avion.

L'**empennage** *, c'est-à-dire les surfaces situées à l'arrière des ailes et de la queue d'un avion, lui assure sa stabilité.

À l'intérieur d'un avion, il y a de nombreuses rangées de **sièges** pour les passagers, avec des **ceintures de sécurité** et, sous les sièges, des **gilets de sauvetage**. Par le **hublot**, le passager voit l'environnement extérieur de l'avion.

On installe parfois une **passerelle** pour monter dans l'avion ou en descendre.

Grâce à un **parachute**, on peut sauter d'un avion en vol et descendre dans les airs avant de venir se poser au sol.

L'**aviation** est la navigation dans les airs au moyen d'avions.

L'**aéronautique** est l'ensemble des techniques qui concernent l'aviation.

LES AVIONS ET LES VERBES

L'avion **met les gaz**, **vrombit** *, **roule** sur le sol, **décolle**, **s'élève** dans le ciel. Il **prend son vol**, **prend** de la hauteur, de l'altitude, de la vitesse, puis **vole** dans les airs. Il peut **faire un vol plané** *, **faire des loopings** *. Il peut **plafonner**, **survoler** un lieu, **virer**, puis **descendre** (en tonneau ou en piqué *), **faire des évolutions** dans les airs.

Quand un avion s'apprête à **regagner** la piste, il **perd** de la vitesse, **ralentit**, **descend**, **se pose**, **arrive**, **atterrit** (sur la piste) ou **amerrit** (sur la mer), puis il **coupe les gaz**.

Quand il est dans les airs, il peut arriver qu'il **franchisse une zone de perturbations** *, qu'il **passe le mur du son** *, qu'il **tombe dans un trou d'air** *, **en panne d'essence**, ou qu'il **capote**, **fasse un atterrissage forcé**, **explose** en vol, **s'écrase** sur le sol (on parle alors de catastrophes aériennes ou de **crash** *).

Lorsqu'on prend un avion, on **embarque** : lorsqu'on descend d'avion, on **débarque**. On **arrive à destination** une fois le vol achevé.

DIFFÉRENTES SORTES D'AVIONS

Il existe différentes sortes d'avions, à **hélices**, à **moteur à réaction** *. L'avion **supersonique** dépasse la **vitesse du son** (comme le Concorde) et l'avion **subsonique** n'atteint pas la vitesse du son.

LES AVIONS

Les touristes, les passagers, prennent des **avions de ligne** * pour se rendre d'un endroit à un autre.

Un **avion de tourisme** est destiné à un transport particulier de passagers ; un **avion-taxi** est loué par des sociétés ou des personnes pour faire un trajet quelconque. À bord d'un **avion-école**, on apprend à de futurs pilotes à diriger un avion.

Un **long-courrier** est un avion de transport qui fait de longs parcours et un **moyen-courrier** accomplit des distances moyennes.

En temps de guerre, on utilise des **avions militaires**, des **avions de guerre** : les **avions de reconnaissance** sont chargés de recueillir des informations sur les conditions d'un combat ; le **bombardier** est utilisé pour lâcher des bombes sur des endroits cibles ; le **chasseur** (ou avion de chasse) est un avion léger que l'on utilise pour les combats aériens ; un avion **antichar** lutte contre l'action des engins blindés.

Un **porte-avions** est un bâtiment de guerre maritime * qui permet aux avions de guerre de décoller et de se poser sur sa plate-forme.

Le **Canadair** est un avion que l'on utilise pour lutter contre les incendies dans une région.

L'**hélicoptère** se déplace dans le ciel à l'aide d'une hélice horizontale formée de **pales** *, située au-dessus de son fuselage. Il peut ainsi atterrir et décoller dans un espace restreint.

Le **planeur** est un avion sans moteur utilisé pour le vol à voile.

L'**hydravion** * est un avion muni de flotteurs qui lui permettent de voler et d'amerrir.

L'**ULM** (Ultra-Léger Motorisé) est un petit avion léger à une ou deux places muni d'un moteur à faible puissance.

LES AVIONS ET LES MÉTIERS

L'**équipage** * d'un avion comprend des **aviateurs (aviatrices)** : le **pilote**, le(s) **copilote(s)**. Ils pilotent, tiennent les commandes de l'avion. (D'un pilote très habile, on dit que c'est un **as de l'aviation**.)

Avant un vol, le **mécanicien** de l'air procède à toutes les vérifications d'usage de l'appareil afin que le vol se déroule sans problème.

À bord d'un avion de ligne *, le **pilote** ou **copilote** communique aux passagers l'altitude à laquelle se trouve l'avion, la vitesse, le bulletin météorologique du vol, le nom des pays et des villes survolés, l'heure d'arrivée, le trajet emprunté.

Le **commandant de bord**, l'**hôtesse de l'air**, le **steward** veillent au bon déroulement du voyage et s'occupent des passagers.

Depuis leur tour de contrôle, les **aiguilleurs du ciel** * donnent (ou ne donnent pas) aux avions l'autorisation de décoller d'une piste ou de se poser sur une piste.

LES AVIONS ET LES LIEUX

L'avion décolle d'un **aérodrome**, d'une **piste**, d'une **aire d'envol** *, d'un **champ ou terrain d'aviation**, d'un **aéroport** : Orly, Roissy-Charles-de-Gaulle sont deux **aéroports** parisiens. Marignane est l'aéroport proche de Marseille.

L'avion se pose sur un **aérodrome**, une **piste d'atter-rissage**.

Sur le **tarmac** stationnent ou circulent – à terre – les avions.

L'**aérogare** est l'ensemble des bâtiments d'un aéroport réservés aux voyageurs (qui partent ou arrivent) et aux marchandises.

Un **héliport** est une piste d'atterrissage pour les héli-coptères.

PRENDRE L'AVION

Lorsqu'on veut prendre l'avion, il faut tout d'abord **prendre un billet de réservation** sur tel ou tel vol pour **retenir une place** dans l'avion. Puis on se rend à l'aéroport, on vérifie l'heure du vol. On doit faire **enregistrer** et **peser** ses bagages avant d'**embarquer**. On présente son billet d'avion et une pièce d'identité, on reçoit une **carte d'embarquement**, puis on passe à la **fouille**.

On se présente ensuite à la **porte de départ**, puis on se rend jusqu'à l'avion que l'on doit prendre. À l'entrée on présente sa carte d'embarquement à un membre de l'**équipage** * : une **hôtesse** ou un **steward** nous conduit à notre place.

LE SAVEZ-VOUS ?

• D'où vient le nom **avion** ? Ce mot a été créé par Clément Ader vers 1875 et désignait un « appareil ailé pour la navigation aérienne ». Jusqu'en 1920 environ, on n'utilisait que le mot « aéroplane ». Ensuite c'est le mot « avion » qui a été utilisé. Il a été formé à partir du latin *avis*, « oiseau ».

• Le **baptême de l'air** correspond au premier vol que l'on effectue à bord d'un avion.

• En 1890, **Clément Ader** fait un bond de 12 mètres à bord de l'*Éole*, équipé d'un moteur à vapeur. C'est le premier vol. En 1909, **Louis Blériot** traverse la Manche en avion. En 1913, **Roland Garros** traverse la Méditerranée.

• Le **Rafale** est le nom d'un avion de guerre français.

Voir aussi LE CIEL, LES ASTRES ET LES PLANÈTES
LES TRANSPORTS

6. LES BATEAUX

Les différentes parties d'un bateau sont : la **coque** *, la **quille** * et le **gouvernail** qui aide à diriger le bateau, l'**ancre** qui permet d'immobiliser le bateau (on **jette l'ancre**) ou, au contraire, de lui faire prendre la mer (on **lève l'ancre**).

Les marins marchent sur le **pont** du navire, descendent par les **écoutilles** * dans la **soute**, la **cale** *. Un bateau peut posséder des **mâts** et des **voiles**.

Une **bouée**, un **gilet de sauvetage** aident à flotter si l'on tombe à l'eau.

Une **chaloupe**, un **canot de sauvetage** aident les passagers à évacuer un navire en cas de naufrage.

Il existe plusieurs sortes de bateaux : **à rames** (la galère), **à voiles** (le voilier), **à moteur** (la vedette), **à vapeur** (le **steamer** *)...

LES BATEAUX ET LES VERBES

Après avoir **construit** un bateau, on l'**essaie** avant de le **mettre à flot**. S'il s'agit d'un navire important pour un pays, il arrive qu'on le **baptise**, qu'on l'**inaugure** * pour marquer son premier départ en mer.

Pour faire des transports commerciaux en mer, on **affrète** (prend en location) un navire, un bateau de commerce. Celui qui le donne en location **frète** * son bateau.

Lorsqu'un navire est sur le point de partir, on l'**arme** *, l'**équipe** * ; on le **charge** (à plein), le **remplit**. Ensuite, les passagers **embarquent**, **montent à bord**, puis le bateau **prend la mer** : il **appareille** *, **largue les amarres** *, **quitte** le port.

Lorsqu'un bateau **navigue** sur la mer, il **se déplace**, **glisse**, **file**, **vogue** sur l'eau, **sillonne**, **parcourt** les mers, **tient** la mer, **flotte**. Quand la mer est forte, il **tangue** *.

Le capitaine **gouverne**, **pilote** le bateau. Le bateau **suit** tranquillement **sa route** ou, en cours de route, le capitaine **met le cap sur** * un pays, **évite** d'autres embarcations qu'il **croise**, **serre le vent** * (il gouverne le plus près possible de la direction d'où vient le vent).

Le bateau peut **faire voile** * (ou **route**) vers un lieu, puis, tout à coup, **virer de bord** (changer complètement de direction).

Un navire de commerce **fait du cabotage** (il navigue le long des côtes en s'arrêtant dans les différents ports qui s'y trouvent).

Lorsqu'un navire **heurte** un autre bâtiment ou un obstacle, il peut **faire naufrage** *. Il arrive qu'il **se fracasse** contre les rochers. Il **coule**, **sombre**, **est englouti** par les eaux.

Un navire qui **dérive** * est en danger : il peut alors **échouer** *, **toucher le fond** de l'eau.

Lorsqu'un navire **rentre** au port, il **aborde**, **accoste** *, **stoppe**, **fait escale**, **ancre** *, **mouille** *. À son bord, les marins s'apprêtent à **débarquer**, à **décharger** le bateau.

Les enfants **lancent** des bateaux sur l'eau. Le vent les **propulse**.

Sur les galères, les galériens étaient condamnés à **ramer**. Les pirates **sabordaient** * les navires (les perçaient en dessous de la ligne de flottaison, c'est-à-dire la partie de la coque se trouvant sous l'eau) pour les faire **couler**.

LES BATEAUX ET LES ADJECTIFS

Il y a des bateaux **puissants**, **magnifiques**, de **beaux** bateaux.

Par temps de tempête, les bateaux sont **secoués, ballottés** *.

Un bateau **transatlantique** traverse l'océan Atlantique.

LES BATEAUX ET LES COURSES EN MER

En mer, on fait une **traversée**, un **voyage**, une **croisière**, un **périple** * ou on participe à une **course**.

DIFFÉRENTES SORTES DE BATEAUX

Voici des **bateaux exotiques** : le **chébec** * (arabe), la **jonque** *, le **sampan** * (Extrême-Orient), la **pirogue** *, la **felouque** * (Afrique du Nord, Proche-Orient), le **caïque** * (Turquie), le **kayak** * (esquimau)...

Voici des **bateaux de plaisance et de course** : le **skiff** *, le **canoë**, le **kayak** *, le **dériveur** *, le **catamaran** *, le **trimaran** *, le **yacht** *...

Les plaisanciers pratiquent la navigation de plaisance sur des **bateaux de plaisance**, pour l'agrément, le plaisir ou pour le sport. On peut aussi faire une **croisière en mer** sur ce type de bateaux ou leur préférer des **paquebots**.

Voici des **bateaux de commerce** (marchands) : le **paquebot**, le **bananier**, le **minéralier** *, le **chimiquier** *, le **cargo** *, le **pétrolier** (ou **tanker** *), le **bateau-citerne** *, le **butanier** *.

Voici des **bateaux de pêche** : le **baleinier**, le **cap-hornier** *, le **chalutier** *, le **thonier**, le **langoustier**, le **morutier**, le **terre-neuvier** *...

Voici des **bateaux de guerre** (de notre époque) : le **croiseur** *, le **patrouilleur** *, le **chasseur**, la **frégate** *, la **vedette**, le **sous-marin**, le **porte-avions**...

Voici des **bateaux fluviaux et portuaires** : la **péniche**, le **remorqueur** *, le **pousseur** *, le **bac** *, le **chaland** *...

Voici des **embarcations** : la **barque**, le **radeau**, la **chaloupe**, le **canot**, le **hors-bord**...

Voici des **bateaux déjà anciens** : le **drakkar** *, la **caravelle** *, le **galion** *, la **frégate** *, la **corvette** *, le **cuirassé** *...

Voici d'**autres bateaux** : le **brise-glace**, le **bateau-phare** *, le **bateau-feu** *...

LES BATEAUX ET LES LIEUX

La **rade** est un grand bassin naturel ou artificiel avec une **issue** * sur la mer.

L'**embarcadère** désigne une jetée qui facilite le débarquement et l'embarquement.

La **crique** est une petite baie où l'on peut **accoster** *.

On arrive **au port**, on accoste **au quai**.

LOCUTIONS ET EXPRESSIONS

Mener quelqu'un en bateau, c'est lui faire croire une chose fausse.

Être perdu corps et biens, c'est être totalement et à jamais perdu.

Être à la barre, c'est diriger, gouverner, être le principal responsable (d'une affaire).

Un colis qui **arrive à bon port** arrive à la bonne destination.

LES BATEAUX ET LES MÉTIERS

Les **matelots**, les **marins** peuvent être employés au service d'un navire.

Le **mousse** est un tout jeune matelot.

Les **mécaniciens**, le **soutier** *, les **chauffeurs**, l'**électricien** font également partie de l'**équipage** * d'un bateau.

Les **pêcheurs** sont employés sur des bateaux de pêche. Jadis, les **rameurs** étaient condamnés à ramer sur les galères ; les **navigateurs** découvraient de nouvelles terres au-delà des mers.

Sur un navire de croisière, les **stewards**, le **personnel navigant** : maître d'hôtel, **cuisiniers**, et les passagers font la même traversée.

Sur le quai, **marins** et **dockers** déchargent les bateaux.

Sur un bateau, un journal de bord est tenu par le **commandant** qui fait un rapport au jour le jour de tous les événements qui se déroulent sur son bateau.

LE SAVEZ-VOUS ?

• Le naufrage de la frégate *Méduse* eut lieu en 1816 ; sur 149 passagers, 15 seulement survécurent sur un radeau. Ce drame fit l'objet d'un célèbre tableau peint par Géricault entre 1818 et 1819, intitulé *Le Radeau de la « Méduse »*, exposé au musée du Louvre à Paris.

• Le *Titanic* et le *Pourquoi pas ?* sont deux bateaux célèbres par leur naufrage (au XXe siècle). Il y a eu très peu de survivants.

• Voici les noms de trois navigateurs célèbres : **Christophe Colomb** (XVe siècle), **Magellan** (XVe-XVIe siècles), **Vasco de Gama** (XVe-XVIe siècles).

• **Alain Bombard**, en 1952, à bord du canot pneumatique *L'Hérétique*, a prouvé qu'on pouvait survivre en mer plus de deux mois (64 jours et demi) sans aucune provision d'eau douce ni de vivres.

• **Éric Tabarly** (1931-1998) a été un grand navigateur français du XXe siècle remportant deux fois la course transatlantique (en 1964 et en 1976) sur des bateaux appelés *Pen Duick*.

• **Florence Arthaud** (née en 1957), navigatrice française, a été la première femme à remporter en 1990 la Route du Rhum, course transocéanique en solitaire.

Voir aussi LA MER
LES POISSONS
LES TRANSPORTS

7. LES BRUITS ET LES CRIS

Un objet, une chose, un être humain, un animal, les éléments de la nature **font du bruit**, **émettent des bruits**, **des sons**.

Un être humain et un animal **poussent des cris**.

Grâce à l'**ouïe**, aux **oreilles**, nous **entendons**, nous **percevons** les bruits, les cris, les sons qui nous entourent.

LE BRUIT ET LES VERBES

Assis dans la forêt, on **entend**, **perçoit**, **distingue**, **saisit**, **écoute** chaque bruit. Un bruit peut brusquement **retentir** (comme celui d'un coup de fusil) ou **se répercuter** (comme l'écho).

Un bruit **monte**, **s'élève**, **s'accroît**, **grandit**, **s'amplifie**, **se précise**, il peut alors **s'étendre**, **se prolonger**, **régner**, **persister**, nous **envahir**, puis **s'affaiblir**, **diminuer**, **s'apaiser**, **se calmer**, **se taire**, **s'arrêter** et enfin **mourir**.

LE BRUIT ET LES ADJECTIFS

Le murmure est un bruit **imperceptible** *, **faible**, **léger**, **discret**, **grêle**, à peine **audible** *. En revanche, le vacarme est un bruit **fort**, **sourd** ou **sonore**, **assourdissant**, **discordant**.

Un cri peut être **intense**, **fort**, **aigu**, **élevé**, **éclatant**, **perçant** ou **strident**.

Un bruit de voix est **confus**, **lointain**, **indistinct**, **étouffé**. On dit que c'est un bruit de fond. Le fouet claque avec un bruit **sec**, **vif**, **instantané**.

En tombant sur la moquette, le fauteuil fait un bruit **sourd**. Les clés font un bruit **métallique** en s'entrechoquant.

Dans la rue, le bruit des marteaux-piqueurs, **répétitif**, **infernal**, **discordant**, est **agaçant**, **assourdissant**, **étourdissant**, alors que la source au milieu des bois fait un bruit **clair**, **distinct**, **cristallin**, **argentin** *.

Quelquefois, des bruits **mystérieux**, **insolites**, **singuliers** * hantent la nuit. Le jour, on reconnaît le bruit **significatif** du pas d'une personne, par exemple, ou bien le tic-tac d'une horloge.

QUELQUES SORTES DE BRUITS

Le **brouhaha** est un bruit de voix, confus et tumultueux ; le **tapage** et le **vacarme** également.

La **cacophonie** est un ensemble de divers sons sans aucune harmonie.

La **clameur** est un ensemble de bruits et de cris venant d'un groupe de personnes, d'une foule.

La **huée** est un ensemble de cris lancés contre quelqu'un.

La **rumeur** est un bruit général qui se répand, traduisant un mécontentement de la foule.

Le **tintamarre** est un grand bruit accompagné de grands désordres.

Le **tumulte** est un grand mouvement accompagné de bruits et de désordres.

LES BRUITS DES CHOSES

(Par ordre alphabétique des verbes.)

L'eau, le tissu, les feuilles **bruissent**.

La cloche **carillonne**.

La bouilloire, la source **chantent**.

La mer, les eaux **clapotent**.

Les dents, le fouet, le fusil, la langue **claquent**.

Le fusil, le canon **crachent** du feu.

La glace, le plancher **craquent**.

Le feu, la mitraillette **crépitent**.

Les câbles, la corde **crissent**.

La bombe **détone** ou **éclate** ou **explose** (comme la poudre, le volcan).

La grêle **fouette**, **crépite** ou **tambourine**.

La soie **froufroute**.

Les flots, l'orchestre, le vent **gémissent**.

Le feu, la grêle, la radio **grésillent**.

La clé, les dents, la girouette, la roue, la scie, le violon (joué faux) **grincent**.

Le canon, les flots, la tempête, le tonnerre, le torrent, le volcan **grondent**.

La sirène, la tempête, la télévision, le vent **hurlent**.

L'automobiliste **klaxonne**.

La foule, la source, les feuilles **murmurent**.

Les flots, la sirène, le vent, le volcan **mugissent** *.

Le feu **pétille**.

Le cor, le tambour, le gong **résonnent**.

Le canon, l'orgue **retentissent**.

Le moteur **ronfle**, **vrombit**.

La balle, la flèche, la tempête, le vent **sifflent**.

Le clairon, la cloche, le glas, la pendule, la pièce de monnaie, la sonnette **sonnent**.

La clochette **tintinnabule**, **tinte** et le grelot **tinte**.

Le canon, la voix, la foudre **tonnent**.

La cloche, le grelot, le métal, le timbre **vibrent**.

LES CRIS DES ANIMAUX

(Par ordre alphabétique des verbes.)

Le chien **aboie**, **jappe**.	Le grillon **grésille**.
Le merle, la pie **babillent** *.	L'alouette **grisolle**.
L'éléphant **barète**, **barrit**.	L'ours, le porc **grognent**.
Le bélier, la brebis, la chèvre, le mouton, l'agneau **bêlent**.	Le cheval **hennit**.
Le bœuf, le taureau, le buffle, la vache, **beuglent** ou **meuglent** ou **mugissent**.	La chouette **chuinte** ; la chouette et le hibou **(h)ululent**.
Le chameau **blatère**.	Le chien, le loup, l'ours **hurlent**.
L'abeille, la mouche, le bourdon **bourdonnent**.	La pie **jacasse**.
L'âne **brait**.	Le geai, la pie, le perroquet **jasent** *.
Le cerf, le chevreuil, le daim **brament**.	Le chat **miaule** et **ronronne**.
La poule **caquette**.	Le canard **nasille**.
La cigale et beaucoup d'oiseaux **chantent**.	Le perroquet **parle**.
Le lapin **clapit**.	Le moineau, l'oiseau **pépient** *.
Le crapaud, la grenouille **coassent**.	L'oiseau, le poussin **piaillent** *.
La cigogne **craquette**.	Le faon, le tigre, le cerf, le daim, le chevreuil **râlent**.
L'oie, le paon **criaillent**.	La colombe, le pigeon, la tourterelle **roucoulent**.
Le corbeau **croasse**.	Le lion **rugit**.
Le tigre **feule** ou **rauque**.	Le merle, le perroquet, le cygne, le serpent **sifflent**.
Les oiseaux **gazouillent**.	La cigale **stridule**.
Le renard **glapit**.	L'alouette **tirelire**, **turlute**.
Le dindon **glougloute**.	L'aigle, la grue, le cygne **trompettent**.
La perdrix, la poule **gloussent**.	

LES BRUITS ET LES HOMMES

Le petit enfant **balbutie**, **babille** *, **jase**, **zézaye** *.
L'homme **parle**, quelquefois **bégaie**, **chante**, **murmure**,
chuchote, **gémit**, **sanglote**, **crie**, **hurle**, **éternue**, **siffle**, **ronfle**, **souffle**...

QUELQUES ONOMATOPÉES

(L'onomatopée est un mot, très court, fréquent dans les
bandes dessinées et qui sert à traduire un bruit.)

Badaboum !	Dong !	Pan !	Tic tac !
Bing !	Drelin !	Patapouf !	Tam tam !
Bong !	Froufrou !	Patatras !	Toc !
Boum !	Flac !	Pif !	Vlan !
Brrr !	Flic !	Ping !	Vroum !
Clac !	Floc !	Plouf !	Zim !
Clic !	Glouglou !	Pouf !	*etc.*
Crac !	Hi !	Poum !	
Cric crac !	Hue !	Psitt !	
Ding !	Paf !	Ronron !	

LOCUTIONS ET EXPRESSIONS

Cette nouvelle **a fait grand bruit** : tout le monde en a
parlé.

Ce n'était, en réalité, qu'un **faux bruit** : une fausse
nouvelle.

Faire beaucoup de bruit pour rien, c'est parler trop
d'une chose sans importance.

Le **cri du cœur**, c'est une réaction sincère et spontanée.

Arriver **sans crier gare**, c'est arriver sans prévenir.

Un vêtement **dernier cri**, c'est un vêtement à la toute
dernière mode.

S'exprimer **à grands cris** : de manière très bruyante.

Ébruiter une nouvelle, c'est la répandre autour de soi, la dire à tout son entourage.

CONTRE LE BRUIT

Mais que faire lorsqu'on veut éviter le bruit ? On peut **marcher sans bruit**, ou **à pas feutrés**. On peut, soi-même, **amortir** *, **assourdir** les bruits en faisant **insonoriser** les murs de son logement. On met des doubles vitrages aux fenêtres.

Dans une assemblée, on peut **imposer le silence** à ceux qui parlent trop ; sinon, on **se bouche les oreilles**. On peut aussi mettre des boules **antibruit** dans ses oreilles pour se protéger des bruits.

Quant au meurtrier, si on ne l'a pas entendu, c'est qu'il a utilisé un **silencieux** (système qui assourdit la détonation du revolver).

LE SAVEZ-VOUS ?

• Au théâtre, à la radio, au cinéma, le **bruiteur** est chargé du **bruitage** : il reconstitue artificiellement des bruits servant à accompagner une action dans une scène.

• La **girafe** est un animal qui n'a pas de cri.

• Le **décibel** est une unité servant à évaluer l'intensité sonore.

• Des bruits ont servi à former des noms ; on dit que ces noms ont une origine « onomatopéique ».

Ex. : un **coucou** (cri de l'oiseau), un **glouglou** (bruit de l'eau), un **hi-han** (cri de l'âne), un **tic-tac** (bruit d'une horloge, d'une montre), etc.

8. LES CHANSONS ET LES CHANTS

La **source** chante dans les bois ; l'**oiseau** chante ; les **enfants**, la **chorale**, les **artistes** chantent.

Une chanson a un **titre**. Elle possède plusieurs **couplets** * et un **refrain** *. Le **parolier** écrit les paroles d'une chanson, le **compositeur** en compose la musique. Le **chanteur**, la **chanteuse** interprètent la **chanson**.

Voici le refrain de la chanson traditionnelle *La Rose et le Lilas* :

> Mon ami me délaisse,
> Ô gué vive la rose,
> Mon ami me délaisse,
> Ô gué vive la rose,
> Je ne sais pas pourquoi,
> Vive la rose et le lilas,
> Je ne sais pas pourquoi,
> Vive la rose et le lilas.

LES CHANSONS ET LES VERBES

Chacun de nous aime **fredonner** *, **murmurer** un air, **chantonner** ou bien **chanter** une chanson. On peut chanter juste ou faux, à mi-voix, bouche fermée, très bas ou au contraire à pleine voix. On **attaque**, **entonne**, **répète** un chant.

Sur la scène, le chanteur **interprète** une chanson. Quelquefois c'est lui-même qui a **fait** la chanson : il a **composé** la musique et **écrit** les paroles.

Le chanteur peut **chanter** *a cappella* (seul, sans instrument) ou **s'accompagner** à la guitare, au piano, ou **être accompagné** par tout un orchestre, ou encore **improviser** *.

Le chant **s'élève**, **monte**, **résonne**. Les chansons **plaisent** ou **déplaisent** à un public ; elles le **touchent**, l'**émeuvent**, l'**émerveillent**, le **charment**, l'**amusent**, le **transportent** * et même, parfois, le **déchaînent**.

Les chansons servent à **animer** des soirées, des émissions, des spectacles, des réunions. Le public **écoute** ou **chante**, **reprend** des chansons.

LES CHANSONS ET LES ADJECTIFS

Une chanson peut être **belle**, **douce**, **harmonieuse**, **mélodieuse**.

Une chanson peut être **gaie**, **amusante**, **comique**, **joyeuse** ou, au contraire, **triste**, **émouvante**, **réaliste** *, **mélancolique**.

Une chanson peut être **entraînante**, ou bien **monotone**.

Une **« grande »** chanson possède des paroles et une musique remarquables et a du succès pendant de nombreuses années auprès de tous les publics.

À la claire fontaine est une **vieille** chanson **traditionnelle** de France.

Dans les églises, on entend des chants **religieux**.

La Marseillaise est un chant **patriotique** *.

Les Bretons, par exemple, ont gardé beaucoup de chansons **folkloriques**.

Les styles de chansons et de musique varient en fonction des modes et des époques : hier, le **folk-song**, la **country music**, le **rock**, aujourd'hui la musique **reggae**, le **rap**...

LES CHANSONS ET LES CHANTS

DIFFÉRENTES SORTES DE CHANSONS

Une chanson, c'est aussi un **air**, une **mélodie**. La chanson porte un titre. Un **parolier** en écrit les paroles. Les **chansons** sont composées de **couplets** * ou **strophes** * et d'un **refrain** *. Une chanson a un **début** et une **fin**.

Le **compositeur** écrit les notes de la **musique** sur des **portées** * (tracés de cinq lignes horizontales parallèles disposées régulièrement sur une page) : il écrit des **partitions**.

Une portée

Voici plusieurs sortes de chansons :

La **berceuse** est ainsi appelée car elle est douce et endort les enfants.

On trouve aussi la **comptine** (comme *Am stram gram*), la **ballade** (comme *La Ballade des gens heureux* [1]), la **complainte** (comme *La Complainte de Mandrin* [2]). La **chansonnette** est une petite chanson bien connue.

Un **negro-spiritual** est un chant religieux des Noirs d'Amérique.

Le 25 décembre, en France, on chante des **noëls** ou **chants de Noël**. L'**alléluia**, le **cantique** sont des chants religieux.

Il existe aussi des **chansons de marins**, des **chansons de marche**, **de route**, etc.

Un **opéra** est un poème ou une œuvre dramatique uniquement chantée et jouée. L'**opérette** est une pièce généralement gaie, à la fois chantée et parlée.

La **comédie musicale** est une pièce jouée, parlée, chantée et dansée au cinéma ou sur une scène de théâtre, de

---

1. Chantée par Gérard Lenorman.
2. Chanson folklorique française.

music-hall. *Starmania*, *Notre-Dame de Paris*, *Émilie Jolie* sont des titres de comédies musicales.

Un **tube** est une chanson qui remporte un très grand succès public.

Un **standard** est un air connu de jazz que l'on reprend en improvisant.

LES CHANSONS ET LES GROUPES

Lorsqu'on ne chante pas **seul** (**en solo**), on peut chanter **en groupe**.

Plusieurs chanteurs et chanteuses forment, composent une **chorale** et chantent **en chœur** (tous ensemble). Ce sont des **choristes**. Quelquefois, l'un d'eux chante en **soliste** (seul) tandis que les autres choristes **font les chœurs** (ils l'accompagnent en chantant ensemble).

Tous les choristes doivent exercer leur voix, **faire des vocalises** * pour chanter toujours juste, **dans le ton** * : ils **travaillent**, **exercent**, **cultivent** leur voix.

Quand on chante à deux, on fait un **duo**.

LA CHANSON ET LES MÉTIERS

Le **compositeur** compose la musique d'une chanson. Le **parolier** écrit les paroles. L'**éditeur** de musique édite les morceaux, les partitions, les chansons.

Un **agent**, un **imprésario** s'occupent de la carrière d'un artiste.

L'**interprète**, c'est l'artiste, homme ou femme, **chanteur** ou **chanteuse**, qui chante la chanson.

La **cantatrice**, la **diva** sont des **chanteuses lyriques** * classiques.

Le **ténor**, le **baryton** sont des **chanteurs lyriques** classiques.

LES CHANSONS ET LES CHANTS

LES MOMENTS ET LES LIEUX OÙ L'ON CHANTE

On peut chanter partout, **à l'école**, **dans la rue**, **chez soi**, **dans la salle de bains**, et aussi pour animer un **anniversaire**, une **fête**, une **soirée**, une **veillée** (à Noël).

On peut participer aussi à un **karaoké** en chantant les paroles d'une chanson sur une musique déjà enregistrée ; on peut donner un **récital** avec une chorale.

Le chanteur de métier chante dans un **music-hall**, dans un **palais** (des sports), dans une **salle de cabaret** *, sur une **scène**. Il peut se déplacer à travers la France **(faire une tournée)** pour chanter dans des **salles**. Il donne des **récitals**, des **galas** dans de grandes villes (dans les **maisons de la culture**, parfois dans des **stades**, sous des **chapiteaux**, dans des **théâtres**, sur une **estrade** en plein air...).

Un *one-man-show* est un spectacle animé par un seul et même artiste.

LOCUTIONS ET EXPRESSIONS

Se lever au chant du coq, c'est se lever très tôt, comme le coq qui pousse son « cocorico » aux premières heures du jour.

Lorsqu'on dit **« Tout finit par des chansons »**, c'est que l'on oublie ses problèmes en se divertissant, en devenant insouciant.

« Partez au Japon, **si ça vous chante** ! » : si vous en avez envie !

Les **chansons de geste** sont des poèmes du Moyen Âge racontant des aventures de héros, comme *La Chanson de Roland*.

C'est toujours la même chanson ! *(fam.)*, c'est dire toujours les mêmes choses, faire les mêmes actions.

LA DIFFUSION DES CHANSONS

On peut écouter une chanson **à la radio** où le **disque**, le **CD** d'un chanteur, d'une chanteuse, d'un groupe, **passe à l'antenne**.

Certaines **émissions** de radio ont des **hit-parades** ou **hits** (classement de chansons ou de chanteurs par préférence des auditeurs).

On peut aussi regarder une **émission de variétés**, un **show télévisé** à la télévision, où les artistes chantent **en direct** avec un **micro** (le son de la voix nous parvient au même moment) ou **en play-back** (la chanson est déjà enregistrée, le chanteur mime la chanson).

On peut aussi écouter une chanson en plaçant un **CD** dans un **lecteur** ou une **chaîne hi-fi**, ou en se branchant sur un **site Internet** qui diffuse des chansons. Le *single* est un CD ne comportant qu'un seul titre.

Le **DVD**, les **cassettes vidéo** permettent de voir en images des chansons.

Grâce au **walkman** (appelé en français **baladeur**), beaucoup de personnes écoutent des chansons, de la musique, en se promenant dans n'importe quel endroit.

On peut aussi choisir d'aller entendre un chanteur **sur scène**. Avant le spectacle, l'artiste **se prépare** dans sa **loge**, se **maquille**, **s'habille**. Quand l'heure du spectacle arrive, dans les grandes salles traditionnelles, **le rideau s'ouvre** et il **entre en scène**. L'artiste chante **devant un micro**, accompagné par un **orchestre** ou une simple guitare, un piano, les chansons inscrites à son **répertoire** *. Si le public est satisfait, il **applaudit** très fort. Le chanteur revient alors **saluer**. Il reçoit les **ovations** * du public et quelquefois **bisse** (chante une seconde fois) l'une de ses chansons. Ensuite, il salue une dernière fois, il **sort de scène** (dans une salle, **le rideau tombe**).

Sur scène, des **danseuses** accompagnent parfois l'artiste dans son spectacle. Les jeunes crient, se déchaînent pour une **idole**, une **star**.

9. LE CIEL, LES ASTRES ET LES PLANÈTES

Le **ciel** se trouve au-dessus de nous et les Gaulois, nos ancêtres, craignaient qu'un jour il ne leur tombe sur la tête. Selon la **couleur du ciel** et la **forme des nuages**, on peut savoir le temps qu'il fait ou qu'il va faire.

Que trouve-t-on dans le ciel ?

Des **oiseaux**, des **avions**, des **hélicoptères** qui volent, se déplacent dans le ciel.

La **montgolfière** monte dans les airs.

Une **fusée** est envoyée dans l'espace.

Et les **OVNI** (Objets Volants Non Identifiés) ? Venus du plus loin dans le ciel, existent-ils vraiment ?

———————————

LE CIEL

LE CIEL ET LES VERBES

Le jour comme la nuit, on peut **regarder**, **contempler** le ciel, **lever les yeux** vers le ciel.

Par mauvais temps, le ciel **pâlit**, **se couvre**, **s'assombrit**, **s'obscurcit**. Quand le temps **se remet au beau**, le ciel **s'éclaire**, **s'éclaircit**.

LE CIEL ET LES ADJECTIFS

Quand il fait **beau**, le ciel est **bleu**, **clair**, **clément**, **serein**.

Quand il fait soleil, le ciel est **ensoleillé**, **lumineux**.

Quand il fait **mauvais** temps, le ciel est **brumeux**, **couvert**, **assombri**, **nuageux**, **plombé**, **moutonneux** *, **bas**.

Quand il fait nuit, le ciel est **sombre**, **constellé** * (on voit les étoiles), **illuminé**.

LES NUAGES

LES NUAGES ET LES VERBES

Lorsqu'un orage se prépare, les nuages **se forment**, **s'amassent**, **s'amoncellent** * dans le ciel, **couvrent** le ciel, puis ils **se dispersent**, **se dissipent** * lorsque le beau temps **revient**.

Le vent **chasse**, **fait avancer** les nuages dans le ciel.

LES NUAGES ET LES ADJECTIFS

Les nuages sont **menaçants**, **sombres**, **lourds**, **noirs**, **gris** par temps d'orage. Ils deviennent **légers** par temps clair.

Voir aussi LES SAISONS ET LE TEMPS (CLIMAT)

LE CIEL, LES ASTRES ET LES PLANÈTES

LES ÉTOILES, LES ASTRES

LES ÉTOILES ET LES VERBES

Le soir venu, les étoiles **apparaissent**, **fourmillent** dans le ciel ; elles **brillent**, **clignotent**, **scintillent**, **illuminent** le ciel, le **constellent**, puis **pâlissent**, **disparaissent**.

LES ÉTOILES ET LES ADJECTIFS

L'étoile **filante** est une météorite * dont le passage dans l'atmosphère se signale par un trait de lumière.

L'**étoile Polaire** * est située dans la direction du pôle Nord.

Stellaire se dit de ce qui se rapporte aux étoiles.

Certaines étoiles sont **scintillantes** et **visibles** à l'œil nu, d'autres existent mais elles demeurent **invisibles**.

LES PLANÈTES

LA LUNE ET LES VERBES

Le soir venu, la lune **apparaît**, **se montre**, puis **monte**, **grandit**, **luit**, **brille** ou **se cache** derrière des nuages dans le ciel. Le clair de lune est la clarté que **diffuse** cet astre la nuit.

Un croissant de lune   *Le premier quartier*   *La pleine lune*

LA LUNE ET LES ADJECTIFS

Ce soir, il y a une **belle** lune, bien **ronde**, une lune **claire**, **superbe** dans le ciel : c'est la **pleine** lune.

Lunaire se dit de ce qui se rapporte à la lune.

LE SOLEIL ET LES VERBES

Le matin, le soleil **se lève** à l'est, **apparaît** dans le ciel. Pendant le jour, il **monte** dans le ciel, **luit**, **brille**, **resplendit**. Le soir, il **descend**, **se couche** à l'ouest, puis **disparaît** à l'horizon.

À midi, le soleil **est au zénith** (son point le plus haut dans le ciel).

Le soleil **lance**, **darde** *, **jette** ses rayons. Il **rayonne** sur un endroit. Les rais ou rayons de soleil **entrent** par la fenêtre, **pénètrent** dans une pièce, **inondent** un endroit.

Le soleil **brûle**, **cuit**, **flamboie** ; il **réchauffe** la terre. Quand il **se cache**, **se voile**, cela annonce le mauvais temps.

On **se garantit**, on **se protège** d'un soleil trop violent avec une ombrelle, un parasol, un chapeau de paille, des lunettes de soleil, de la crème antisolaire...

LE SOLEIL ET LES ADJECTIFS

Dans la journée, le soleil est **haut** dans le ciel ; vers le soir, il est **bas** sur l'horizon.

Par une belle journée, le soleil est **brillant**, **clair**, **éclatant**, **radieux** *. Il peut être **ardent**, **brûlant**, **terrible**, **torride** *, **violent** : c'est le cas du soleil **tropical** * ou **équatorial** *.

Solaire se dit de ce qui se rapporte au soleil.

LOCUTIONS ET EXPRESSIONS

Être dans la lune, c'est être distrait, c'est ne pas **avoir les pieds sur terre**.

Pour de jeunes mariés, la **lune de miel** est la période des premières semaines du mariage.

Aller décrocher la lune, c'est chercher à obtenir ce qui est impossible.

Quelqu'un qui **promet la lune** promet quelque chose d'impossible.

Remuer ciel et terre, c'est employer tous les moyens.

Une fortune qui **tombe du ciel** arrive sans que l'on s'y attende.

Dormir à la belle étoile, c'est dormir en plein air, la nuit.

Si l'on est **né sous une bonne étoile**, c'est que l'on a de la chance.

Un bonheur **sans nuage** est un bonheur parfait.

LE CIEL : LES MÉTIERS ET LES SCIENCES

L'**astronome** étudie la position, les mouvements et la composition des éléments du ciel avec une lunette astronomique. Sa science est l'**astronomie**.

L'**astronaute** est une personne qui se trouve dans un **engin spatial** * hors de l'atmosphère terrestre. Le mot **cosmonaute** a le même sens mais s'emploie surtout pour les vols russes.

Quand les hommes ont marché sur la Lune, toute une équipe de **scientifiques**, de **savants**, de **techniciens** guidaient et contrôlaient l'opération depuis la Terre.

L'**astrologie** consiste à prédire l'avenir d'après les astres. Les **astrologues** font des prévisions **astrologiques**.

LE SAVEZ-VOUS ?

• **Astre** vient du latin *astrum* : « étoile ». Un **astérisque** (mot de la même famille) est un signe d'imprimerie en forme d'étoile (*).

• La **NASA** est un organisme américain qui dirige les recherches et les vols spatiaux aux États-Unis. La base de **Cap Canaveral** (anciennement Cap Kennedy) sert à lancer les engins spatiaux américains. Les Russes envoient leurs engins spatiaux du cosmodrome de **Baïkonour** (qui a pour nom **Tiouratam** depuis 1992) ; et les Français, de la base spatiale de **Kourou** (en Guyane française).

• Parmi les planètes importantes du système solaire, voici le nom des cinq qui se trouvent le plus près de la Terre : **Mercure** (la plus proche aussi du Soleil), **Vénus** (appelée aussi « l'étoile du berger »), **Mars** (de couleur rougeâtre), **Jupiter** (la plus grosse du système solaire) et **Saturne** (entourée d'un vaste système d'anneaux). Elles sont aisément visibles par l'homme et connues depuis l'Antiquité.

Uranus a été découverte en 1781, **Neptune** en 1846 et **Pluton** très récemment, en 1930.

La **Lune** est un satellite naturel de la Terre autour de laquelle elle tourne.

Le **Soleil** est une étoile autour de laquelle gravite la **Terre**.

• Le Russe **Youri Gagarine** est le premier homme à avoir été envoyé dans l'espace, le 12 avril 1961.

• Les Américains ont, les premiers, fait alunir un engin spatial le 20 juillet 1969. **Neil Armstrong** est le premier homme à avoir marché sur la Lune.

Voir aussi LES AVIONS

10. LE CINÉMA

Chacun de nous peut **faire du cinéma**. Avec une **caméra** ou un **Camescope**, il suffit de **filmer** des scènes, des paysages, des personnes sur une **pellicule** *. Lorsque le **film** est achevé, terminé, il est **développé**. Ensuite, on le **projette** sur un **écran**.

Mais le cinéma est aussi un **métier** exercé par le (ou la) **cinéaste** qui utilise un **matériel perfectionné**, qui **monte** son film, **coupe** des scènes, le **mixe** *, le **synchronise** * à l'aide d'une **équipe** de **techniciens**, avant de le faire **projeter** dans des **salles** publiques (de cinéma).

LE CINÉMA, LES VERBES ET LES NOMS

Avec une caméra, on **cadre**, on **prend**, **filme** une scène (« préparée » – la scène est apprise par des comédiens –, ou « sur le vif » – la scène est filmée sans préparation préalable comme pour un documentaire).

Un film peut **se tourner** à l'intérieur d'un studio ou sur un plateau, dans des décors en **carton-pâte** * ou bien à l'extérieur, en décor naturel.

Les **trucages** *, les **effets spéciaux** sont des actions ou scènes créant des artifices (moyens spéciaux utilisés pour tromper), des illusions sur le plan de l'image et/ou du son.

Pendant le tournage du film, les acteurs **jouent** une

scène, **interprètent** un rôle, **miment** des situations, **entrent** ou **sortent du champ de la caméra** * ou se contentent de **figurer** dans le décor.

Une fois que les scènes **ont été prises**, **filmées** sur la **pellicule** *, les techniciens **montent** le film qui **est** ensuite **visionné**, puis **projeté** avant de **sortir** sur les écrans de cinéma.

On peut **aller**, **se rendre** au cinéma pour **voir**, **regarder** un film.

On peut **passer** un film au ralenti ou en accéléré (le nombre d'images projetées à la seconde est plus ou moins important).

DIFFÉRENTES SORTES DE FILMS

Selon qu'un film est plus ou moins long, on distingue le **long métrage** *, le **moyen métrage** et le **court métrage**.

Voici plusieurs sortes de films que l'on peut aller voir dans une salle de cinéma : le **western** (généralement américain), la **comédie musicale**, le **documentaire**, le **dessin animé**, le **thriller** (film **policier** effrayant). Il existe aussi des **films à gags**, **à sketches**, des films **comiques**, **burlesques** *, ou **dramatiques**, des films **historiques**, **de cape et d'épée**, **d'espionnage**, **de science-fiction** *, ou des films **fantastiques**, des films **d'épouvante**.

Une **superproduction** est un film **à grand spectacle** dont le coût de fabrication est très élevé ; il y a souvent des décors grandioses, des acteurs très connus y jouent, la mise en scène est imposante : *Jurassic Park, Titanic* sont des superproductions américaines.

À l'inverse, le **cinéma d'art et d'essai** * présente des films d'auteur (généralement de grande valeur), aux budgets plus modestes, et qui sont distribués dans des salles spéciales.

LE CINÉMA ET LES ADJECTIFS

Un film peut être **muet, parlant** ou **sonore** ; **court** ou **long** (de longue durée) ; **en couleurs** ou **en noir et blanc** ou **en version colorisée** (on a coloré les images d'un film en noir et blanc) ; **en VO** (« **version originale** », c'est-à-dire parlé en langue étrangère) ou **en VF** (« **version française** », c'est-à-dire un film étranger qui a été **doublé** en français).

Un film peut être une **reprise** (nouvelle sortie d'un film ancien ou film existant déjà dont le scénario a été repris pour faire un film nouveau avec d'autres acteurs et d'autres équipes de cinéma – un *remake*, en anglais).

Dans une salle, l'**écran panoramique** permet de regarder les images du film sur un écran de très grande dimension. Un film peut être présenté **en cinémascope** *.

On bénéficie de la meilleure qualité possible de son lorsqu'un film est projeté en **dolby stéréo**.

Il existe des films **musicaux, documentaires, amusants, comiques, burlesques** *, ou **dramatiques, tragiques, policiers, tragi-comiques** *, **psychologiques** *... (*voir ci-contre* DIFFÉRENTES SORTES DE FILMS).

LOCUTIONS ET EXPRESSIONS

Faire du (tout un) cinéma *(fam.)*, c'est faire beaucoup de manières, généralement pour obtenir quelque chose.

Faire du cinéma, pour un acteur, c'est tourner, jouer dans un film.

AU CINÉMA

Lorsqu'on va voir un film, on achète un **billet** (on dit aussi une **entrée**, un **ticket**) à la **caisse**, puis on se dirige vers la **salle de projection**. À l'entrée, une **ouvreuse** (ou un **ouvreur**) prend les **billets**, et parfois nous conduit et nous installe à notre place. Ensuite, on attend que la **séance** commence. En général, c'est après un film **documentaire**, un film **publicitaire**, des **bandes-annonces** et un

entracte de quelques minutes, que commence vraiment le film : on **assiste** alors à sa **projection** sur l'écran.

AU GÉNÉRIQUE

La distribution	La réalisation technique
Les **acteurs**, les **actrices** sont engagés pour tourner un film. Le **rôle principal** ou **premier rôle** est généralement confié à un **acteur**, une **actrice** célèbres, **confirmés** *, **consacrés** *. Ce sont des **vedettes**, des **stars**, des **monstres sacrés**, des **têtes d'affiche** et non de simples **débutants**. Les **rôles secondaires** sont tenus par des acteurs moins connus. Les **rôles de figuration** sont tenus par des **figurant(e)s** (personnes que l'on voit sur l'image du film mais qui ne jouent pas de rôles importants). Le **cascadeur** double un acteur (il assure les numéros dangereux, acrobatiques à la place d'un acteur) ; la **doublure** est un acteur, une actrice pouvant remplacer un autre acteur, une autre actrice dans un rôle important.	Le **producteur** ou la **productrice** finance le film, le **scénariste** écrit le scénario, le **dialoguiste**, les dialogues, le **musicien**, la musique. Un ou une **cinéaste** tourne le film avec les acteurs et une équipe de **techniciens**. Le **metteur en scène** ou **réalisateur** (**réalisatrice**) règle les scènes et donne des indications aux acteurs. Le **cameraman** (ou **cadreur opérateur**) est chargé des prises de vues : il manie la caméra. L'**ingénieur du son** s'occupe des prises de son. Le **mixeur** mélange le son et l'image. Le ou la **script** note tous les détails de chaque prise de vues. Il y a aussi les **maquilleuses**, les **habilleuses**, les **accessoiristes**, les **décorateurs**... qui collaborent au film.

Une fois le film réalisé, le **distributeur** distribue le film pour qu'il soit diffusé dans différentes salles de cinéma.

LE SAVEZ-VOUS ?

• Ce sont **les frères Lumière** qui ont réalisé les premiers films en 1895. **Méliès** fut l'un des **pionniers** * du cinéma ; il construisit le premier studio et fit les premiers **trucages** * (ou **truquages** *).

• Le mot « cinéma » vient du mot grec *kinêma*, qui veut dire « mouvement ».

• Le **César** (en France), le **Lion d'or** (en Italie), l'**Oscar** (aux États-Unis) sont des récompenses attribuées à des films, à leurs acteurs, à leurs techniciens.

• La **cinémathèque** est un endroit où sont répertoriés et conservés un grand nombre de films.

• Le **cinéphile** est celui ou celle qui aime beaucoup le cinéma et les films.

• On appelle aussi le cinéma « le **septième art** ».

• Une **webcam** (on dit aussi *netcam*) est une caméra miniature qui permet d'enregistrer et de diffuser – le plus souvent en direct sur un site Internet – des images numérisées.

11. LE COMMERCE : MAGASINS ET MARCHÉS

Le **commerce** : partout où il y a des **vendeurs** et des **acheteurs**, il y a du commerce, des commerces et des commerçants.

On trouve des **petits commerces** comme les petites boutiques, les épiceries, les boulangeries-pâtisseries, les librairies, les boucheries... et des **grandes surfaces**, des **centres commerciaux**, des **supermarchés** ou **hypermarchés** où l'on fait le commerce de toutes sortes d'articles en grande quantité.

Il existe aussi des **marchés** où les commerçants vendent en général de la marchandise fraîche au détail (fruits, légumes, poissons, viandes, pâtes, pains et pâtisseries, fromages), mais aussi textiles, vins, etc.

LE COMMERCE, LES VERBES ET LES NOMS

Le commerçant **exerce**, **se livre**, **s'adonne à** * un commerce. Il **tient** un commerce, **ouvre** le matin et **ferme** le soir sa boutique, **gère** son magasin. Il peut **faire commerce** d'objets d'art, de vêtements, ou de poissons...

Un bon commerce **prospère** *, un commerce défaillant * **décline**, **dépérit**, **périclite** (il **fait faillite**).

Dans un magasin, les clients **achètent**, **font des achats**, des courses, des **emplettes** *. Un client, à la recherche de différents articles, **court les magasins**.

On **se rend** au marché pour **faire des provisions, s'approvisionner**.

Dans un magasin, le commerçant **vend** des **articles**, des **denrées** *. Il les **expose** souvent dans la vitrine de son magasin ou les **dispose** sur un étalage. Si un client le lui demande, il **a**, **dispose** de l'article demandé **en magasin** : il **sert** alors son client et **vend** directement cet article. S'il ne l'**a** pas **en magasin**, il **se rend** à la réserve où il **emmagasine**, **stocke** ses marchandises (le commerçant **commande**, **se fournit** lui-même chez un **grossiste** *).

Au marché, les marchands **apportent** leurs produits et les **vendent sur** le marché (on dit aussi : **au** marché ou **dans les** marchés). Ils **crient**, **vantent** * leurs marchandises aux consommateurs.

Un magasin présente une **vitrine** ou une **devanture** *, des **étalages**, des **rayons**, des **rayonnages**. On le reconnaît souvent grâce à son **enseigne** *.

Le matin, le commerçant lève son **rideau de fer** ; le soir, il le baisse : il ouvre et ferme sa boutique.

Un commerçant **attire** les clients en **faisant de la publicité**, de la **promotion**, de la **réclame** pour ses produits en **décorant** sa vitrine, ou parfois en **soldant** des articles. Il doit bien servir ses clients s'il ne veut pas **perdre sa clientèle** mais au contraire l'**augmenter**, s'il veut **se faire de nouveaux clients**. Les passants **flânent**, **s'arrêtent** devant les vitrines pour les **regarder**, les **admirer** ; ils **font du lèche-vitrines** ; parfois, ils **entrent** dans le magasin.

Un commerçant qui **ne fait plus d'affaires ferme boutique**.

LE COMMERCE ET LES ADJECTIFS

Certains commerces sont **prospères** *, **riches**, **lucratifs** (ils rapportent de l'argent), **florissants** *. D'autres perdent leur clientèle, ils deviennent **languissants** * *(litt.)*, sont **défaillants** *.

Voici deux sortes de marchés : le marché **couvert** et le marché (**à ciel**) **ouvert**. Dans certaines villes se tiennent des marchés **quotidiens** (tous les jours), dans d'autres ils sont **bihebdomadaires** (deux fois par semaine), dans d'autres encore, **hebdomadaires** (une fois par semaine). Il y a alors des jours de marché.

Généralement, un marché est **bruyant**, **animé**, **coloré**, **très fréquenté**.

Un marché, un magasin sont bien **approvisionnés** quand ils offrent à leurs clients un grand choix de produits et en grande quantité.

Voici plusieurs sortes de clients : les clients **de passage** qui ne viennent qu'une seule fois, les clients **fidèles**, **habitués**, **assidus** * (les **vieux** clients), et puis aussi les **nouveaux** clients.

LOCUTIONS ET EXPRESSIONS

Le **marché aux fleurs** est un marché où l'on ne vend que des fleurs et des plantes : naturelles, artificielles, fraîches ou séchées.

Le **marché aux bestiaux** est un endroit où l'on procède à la vente d'animaux tels que des vaches, des moutons, etc.

Un **article à bon marché** est un article d'un prix raisonnable, pas trop cher.

LES LIEUX DE VENTE ET DE COMMERCE

Un **bazar** est une boutique où l'on trouve toutes sortes d'articles, d'objets et d'ustensiles.

Un **débit de tabac**, de **boissons** est un endroit où l'on vend du tabac et des cigarettes, des timbres, des tickets de jeu, et où l'on sert sur place des boissons (alcoolisées et non alcoolisées).

Une **officine** est un laboratoire attaché à une pharmacie où l'on prépare certains produits et médicaments.

La **halle** est un vaste emplacement couvert abritant un marché.

La **foire** est un grand marché public où sont vendues toutes sortes de marchandises.

Beaucoup de noms terminés par **-erie** désignent des commerces spécialisés : **quincaillerie, poissonnerie, croissanterie, sandwicherie, boulangerie, boucherie**...

Une **supérette**, un **supermarché** sont des magasins d'alimentation assez grands (entre 100 et 400 m^2) **en libre-service** (où l'on se sert soi-même).

Une **grande surface**, un **hypermarché**, un **centre commercial** sont de très grands magasins en libre-service. Ces établissements de vente sont occupés par de nombreux et larges rayons spécialisés par type de produits.

PLUSIEURS FAÇONS DE VENDRE

Voici plusieurs façons de vendre :

Certains produits, comme le bois, se vendent **au détail** ; le tissu **au mètre** ; les pommes de terre **au poids** (au kilo) ; les radis **à la botte** ; les huîtres, les escargots, les œufs **à la douzaine** (parfois, pour ces derniers, **à la demi-douzaine**) ; les artichauts **à la pièce**, **à l'unité**.

Une volaille se vend **entière** ou **découpée** en morceaux.

Il existe des articles **en pièces détachées**, **à monter soi-même** (en kit *) ou **déjà montés**. On peut aussi **se faire livrer** un article trop lourd (difficile à porter) qu'un installateur vient monter et faire fonctionner sur place.

Un produit vendu en magasin est présenté **sur un étalage**, **un présentoir**, **sur des rayons**, **des rayonnages**, dans des **cartons**, **sous sachets**, **sous emballage** ou **préemballés**.

Généralement, le prix d'un produit est **inscrit, marqué, mentionné** sur l'emballage. Un **code-barres** permet à la caisse de faire une **lecture optique** * du prix d'un produit.

Voici plusieurs sortes de vente :

La **vente directe**, « du producteur au consommateur » : sur le marché, le **maraîcher** * vend directement ses produits aux clients.

La **vente en libre-service** : le client se sert lui-même et paie ses achats groupés à la caisse.

La **vente par correspondance (par catalogue, sur Internet)** : le client choisit un article sur un catalogue, dans une rubrique d'Internet, le commande et le reçoit directement chez lui.

Il en est de même pour le **télé-achat** où l'on commande un article en l'ayant vu en démonstration et en promotion dans une émission de télévision.

LES MÉTIERS DU COMMERCE

Dans une ville moyenne, voici les principaux commerçants que l'on peut trouver : le **poissonnier**, le **crémier (fromager)**, l'**épicier**, le **marchand de chaussures (ou chausseur)**, **de vêtements**, **de parfums**, le **boucher**, le **boulanger**, le **charcutier**, le **pâtissier**, le **droguiste** *, le **quincaillier** *, le **libraire**, le **papetier**, le **pharmacien**, le **laitier**, le **fleuriste**, le **bijoutier**, l'**orfèvre**, l'**horloger**...

Les marchands qui vendent leurs marchandises dans les foires, sur les marchés, sont des **forains**, des **marchands ambulants** *.

Dans un grand magasin, on trouve de nombreux employés, entre autres : des **caissiers**, des **caissières**, des **vendeurs**, des **vendeuses**, des **démonstrateurs**, des **démonstratrices**, des **étalagistes** *, des **réassortisseurs** *, des **surveillants** et des **chefs de rayons**, des **hôtesses** d'accueil, et également des **manutentionnaires** *, des **magasiniers**, des **chauffeurs-livreurs**.

L'**installateur**, le **réparateur**, le **dépanneur** sont chargés de l'installation et de la réparation d'un appareil après-vente.

LE SAVEZ-VOUS ?

• Dans l'Antiquité romaine, le **forum** était à la fois le centre politique et commercial de la cité.

• Jeanne d'Arc fut brûlée sur **la place du marché** à Rouen en 1431.

• Le **marché aux esclaves** dans l'Antiquité était un lieu où l'on exposait des personnes esclaves pour les vendre.

• Une *free-shop* (mot anglais) est une boutique où l'on ne paie pas de taxe sur les produits que l'on achète, destinés à sortir de France. Ce sont les touristes étrangers qui achètent des souvenirs dans les *free-shops*.

• **Faire du shopping** (de l'anglais *shop*, « boutique »), c'est aller dans les magasins pour regarder et acheter des produits.

• Le **marché aux puces** ou **les Puces** *(fam.)* est un marché où l'on vend des vieux stocks, toutes sortes d'objets d'occasion, de **rebut** *. Il y en a trois à Paris.

• Les marchés orientaux, arabes, sont appelés des **souks**.

12. L'EAU

L'**eau** est un des quatre éléments essentiels de l'univers avec l'**air**, le **feu** et la **terre**. L'eau est indispensable à la vie.

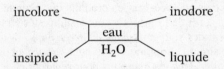

incolore — inodore
eau
H_2O
insipide — liquide

L'eau **bout** à 100° C : elle forme de la **vapeur d'eau**.
L'eau **gèle** à 0° C : elle forme de la **glace**.
En chimie, **2 volumes d'oxygène + 1 volume d'hydrogène = eau**. La formule chimique de l'eau est H_2O.

_____

L'EAU SOUS TOUTES SES FORMES

Les trois états de l'eau sont la **glace**, la **vapeur** et l'**eau** : à l'état solide, l'eau s'appelle **glace** ; à l'état gazeux, elle se nomme **vapeur d'eau** ; à l'état liquide, c'est de l'**eau**.

L'eau se rencontre partout dans le monde, l'univers terrestre : elle se condense et forme des **nuages**. Elle peut tomber sous la forme de **pluie**, de **flocons (neige)**, de **grêlons (grêle, grésil *)**.

Dans l'atmosphère, elle constitue les **brouillards**, les **brumes**, les **bruines** *, la **rosée**, le **givre**, la **gelée blanche**, les **frimas** *.

Au sol, elle s'infiltre et crée des **nappes souterraines** ou bien jaillit sous forme de **sources** ou de **geysers** *, de **cascades**.

Elle s'écoule à la surface de la terre en **fleuves**, **rivières**, **ruisseaux**, et forme parfois des **lacs**, des **étangs**, des **mares**, des **flaques**. Dans le désert, on la trouve dans les **oasis** ou sous forme de **plan d'eau**.

Les **océans**, les **mers** sont les plus vastes **étendues d'eau** de la Terre.

L'EAU ET LES VERBES

mouiller
tremper

↘

      plonger   ↗ sortir de

        ↘   ↗ émerger

                ← nager, flotter

                 →

            immerger

Pour la changer d'endroit	Pour l'utiliser	Pour la consommer	Pour l'étudier	Pour la rendre saine
On la **verse**	On la **capte**	On la **filtre**	On **l'analyse**	On la **chlore**
On la **transvide**	On la **canalise**	On la **clarifie**	On la **décompose**	On la **dépollue**
On la **transvase**	On la **pompe**	On la fait **bouillir**		On la **javellise**
On la **vide**	On la **puise**	On la **gazéifie**		

Ses mouvements

L'eau **sourd** *, **suinte** *, **coule**, **fuit**, **goutte**, **glisse**, **ruisselle** *, **jaillit**, **se répand**. Lorsque l'eau se trouve en trop grande quantité, elle finit par **déborder**, par **envahir**, **inonder**, **submerger** un endroit.

Son action

L'eau **mouille**, **humidifie**, **pénètre**, **trempe** quelqu'un ou quelque chose, ou bien **glisse** sur tout ce qui est lisse ou imperméable.

L'eau **érode** * un rocher, **creuse** une côte, **ronge**, **rouille** le fer.

On **asperge** quelqu'un d'eau. On **arrose**, **irrigue** * un jardin, un terrain sec ; par contre, on **assèche** * un sol trop humide en le **drainant** *. On **pollue** l'eau lorsqu'on y introduit des produits chimiques.

L'EAU ET LES ADJECTIFS

Ses aspects : l'eau peut être **propre**, **claire**, **limpide**, **pure**, **transparente** ; ou **sale**, **souillée**, **polluée**, **croupie** *, **contaminée**, **saumâtre** *, **trouble**.

Son bruit : l'eau peut être **silencieuse**, **cristalline** ou bien **bruyante**, **mugissante**.

Ses couleurs : l'eau peut être **incolore**, **bleue**, **bleutée**, **azurée**, **verte**, **nacrée**, **noire**, **noirâtre**.

Ses mouvements : l'eau peut être **courante**, **fugitive**, **vive**, **bouillonnante**, **bondissante**, **écumante**, **jaillissante**, **tourbillonnante**, **tumultueuse** ou, au contraire, **calme**, **dormante**, **paisible**, **stagnante** (qui demeure immobile), **tranquille**.

Sa nature : on distingue l'**eau douce** (de la rivière, non salée) et l'**eau de mer** (salée).

Sa saveur : l'eau peut être sans saveur, **insipide**, ou bien **salée**. On consomme de l'eau **gazeuse**, **gazéifiée**, **pétillante** ou au contraire **plate**.

Sa température : l'eau peut être **glacée, froide, fraî-che, tiède, chaude** ou **bouillante, brûlante**.

Ses propriétés : il existe des eaux **thermale** *, **minérale, ferrugineuse** (contenant du fer), **sulfureuse** (contenant du soufre), **alcaline** *, **calcaire, purgative** *, **sédative** *, etc.

LES CONTENANTS DE L'EAU

De grande taille

Dans un jardin public, un parc, on trouve des **fontaines**, des **bassins**, des **pièces d'eau**, des **plans d'eau** au centre desquels jaillissent des **jets d'eau**.

Le **barrage** retient l'eau dans les montagnes. Le **canal**, les **canalisations**, l'**aqueduc** * conduisent l'eau d'un point à un autre.

Une **citerne**, un **réservoir**, un **château d'eau** contien-nent des réserves d'eau.

Chez soi, on dispose de l'**eau courante** mais dans cer-tains pays on pompe l'eau, on puise de l'eau à un **puits**, à une **fontaine**, à une **source**.

Au **lavoir**, jadis, on lavait à grande eau une lessive. À l'**abreuvoir**, les animaux viennent boire, s'abreuver.

L'**aquarium**, le **bocal** contiennent de l'eau où nagent des poissons.

Dans l'**eau de la piscine** on peut se baigner et nager, ainsi que dans l'eau des lacs, de la mer et des rivières (quand cela est autorisé).

De petite taille

Voici quelques récipients de toutes sortes pouvant contenir de l'eau : un **verre**, une **tasse**, un **bol**, une **bou-teille**, un **broc**, une **gourde**, un **pot**, une **carafe**, une **cru-che**, un **vase**, une **cuvette**, un **seau**, une **amphore** *, une **jarre** *.

L'EAU

LOCUTIONS ET EXPRESSIONS

Clair comme de l'eau de roche est une comparaison pour dire qu'une chose, un fait est compréhensible, clair, évident.

Quelqu'un qui **nage entre deux eaux** essaie de ménager deux partis opposés.

Mettre l'eau à la bouche, c'est donner une grande envie (de manger ou de faire quelque chose).

Se jeter à l'eau, c'est se décider brusquement à faire quelque chose.

LE SAVEZ-VOUS ?

• Proverbes : « Il n'est pire eau que l'eau qui dort » signifie qu'il faut se méfier des gens à l'apparence trop tranquille.

« Il coulera de l'eau sous les ponts » veut dire que beaucoup de temps passera.

• Les **grandes eaux de Versailles** sont ainsi appelées quand tous les nombreux jets d'eau du parc (du château) jaillissent ensemble.

• Les chutes d'eau les plus hautes du monde – en escalier – s'appellent **Salto Angel** et se trouvent au Venezuela. Leur hauteur est de 987 mètres.

• Les chutes qui présentent le plus haut débit se trouvent au Congo. Il s'agit des **chutes d'Inga** avec 43 000 m^3 par seconde.

• Les célèbres **chutes du Niagara** (États-Unis) débitent 6 962 m^3 par seconde.

Voir aussi LES FLEUVES ET LES COURS D'EAU
LA MER

13. L'ÉCOLE

Un tout petit enfant va à l'**école maternelle**. À six ans, il entre au **cours préparatoire**, à l'**école primaire**. Il y apprend à lire, écrire, compter. Il passe ensuite au **cours élémentaire** puis au **cours moyen**. Enfin, vers onze ou douze ans, il entre au **collège** pour suivre l'**enseignement secondaire** jusqu'à seize ans. Il peut alors se mettre à travailler (entrer dans la vie active), ou continuer ses études jusqu'au bac. Au **lycée**, il se prépare, de la seconde à la terminale, à passer le **baccalauréat**. Ensuite, il peut arrêter ses études ou les continuer, dans une **grande école**, à l'**université**, dans un **IUT** * ou ailleurs.

C'est Charlemagne qui – raconte-t-on – a inventé l'école et c'est Jules Ferry qui l'a rendue obligatoire en 1881.

L'ÉCOLE ET LES VERBES

Quand une commune décide de **créer** une école, elle la fait **construire**. L'école terminée, elle l'**ouvre** aux élèves qui la **fréquentent** pendant l'année scolaire : ils **se rendent**, **vont** à l'école. Les parents, quant à eux, **inscrivent** leurs enfants, puis les **conduisent**, les **accompagnent** à l'école. On **quitte** l'école à la fin de l'année scolaire, au moment des vacances d'été, avant de rentrer en septembre dans une nouvelle classe.

À l'école, un élève **apprend** à **lire**, **écrire**, **s'exprimer**, **chanter** ou **réciter**, **copier** une leçon, **compter** et **résoudre** des problèmes mathématiques.

Si un élève est travailleur, il **fait des progrès**, **progresse** rapidement, il **comprend** bien, il **assimile** bien les connaissances, **apprend** bien ses leçons qu'il **sait par cœur**, qu'il **se rappelle** parfaitement.

Un mauvais élève **dissipe** * la classe en **bavardant** ou en **chahutant**. Souvent, il est **collé** *, **puni** ou **retenu** après le cours.

Un bon écolier **écoute**, **suit les cours**, **participe** à la classe, **s'instruit**, **s'initie** à de nouvelles matières.

La maîtresse ou le maître, le professeur des écoles (l'instituteur ou l'institutrice) **enseignent** : ils **donnent des cours** aux élèves, ils **font la classe**. Pour cela, ils **expliquent** les leçons, **font faire** des exercices ou **dictent** des énoncés. Ils **apprennent**, **inculquent** * l'orthographe ou la grammaire, en **épelant** * des mots ou en **illustrant**, en **prouvant** certaines règles à l'aide d'exemples et en faisant **répéter** la classe. Ils enseignent aussi principalement les mathématiques, les sciences, l'histoire, la géographie.

L'ÉCOLE ET LES ADJECTIFS

Lorsqu'un enfant est très petit, il est placé dans une crèche, un jardin d'enfants, puis il fréquente l'école **maternelle**. Ensuite, il va à la **grande** école : école **primaire**, **élémentaire** ; puis il entre dans un établissement d'études **secondaires** : collège, lycée. Ensuite, il peut faire des études **supérieures** ; il entre alors dans une école **supérieure** : **École normale** * ou **technique**, **militaire**, **navale** *, une école **professionnelle** ou un établissement **universitaire** (une université).

Une école **communale** est l'école d'une commune, d'une ville moyenne.

Une école est **laïque** * – c'est le cas des écoles **publiques** – ou bien **privée** – c'est le cas des écoles qui dispensent, en plus du programme, un enseignement religieux.

Une école **mixte** accueille à la fois les filles et les garçons.

Un élève peut être **bon** ou **mauvais**, **docile**, **obéissant**, **intelligent**, **éveillé**, **vif**, **appliqué**, ou **distrait**, **étourdi**, **difficile**, **désobéissant**, **négligent** ; **sage**, **silencieux**, ou **bavard**, **dissipé**, **chahuteur** ; **tranquille** ou **remuant**, **turbulent** ; **travailleur** ou **paresseux**.

Un élève est **admis**, **reçu** ou bien **refusé**, **recalé** *(fam.)* à un examen, un concours.

DIFFÉRENTES SORTES D'ÉCOLES

Un **pensionnat** ou un **internat** est un établissement privé où les élèves sont nourris, logés et reçoivent des cours ; ils ne rentrent pas chez eux le soir.

L'**externat** est une école où l'on donne des cours à des élèves qui rentrent chaque jour chez eux. S'ils sont **en demi-pension**, ils déjeunent à l'école.

Le **collège**, le **lycée** sont des établissements d'enseignement public qui délivrent un enseignement secondaire.

On fait des études supérieures dans une **université**, une **faculté**, un **institut** *, une **grande école**.

DIFFÉRENTES PARTIES D'UNE ÉCOLE

À l'école, on étudie dans une **classe**, une **salle de classe**, une **salle de cours**. À l'université, on peut assister à des cours dans un **amphithéâtre** *.

Dans les lycées, les collèges, on fait de la gymnastique dans un **gymnase**, sur un **terrain de sport** ou dans un **stade**.

Dans les pensionnats ou les internats, il y a des **dor-**

toirs, des **réfectoires**. Dans les écoles, les élèves mangent dans le **réfectoire** ou à la **cantine**.

À la récréation, les élèves jouent dans une **cour**, sur une **aire de jeux**, s'abritent sous un **préau** *. Dans les lycées, on passe souvent son temps libre au **foyer**, à la **cafétéria**.

Dans le **vestiaire**, on accroche ses vêtements ; on voit des films dans la **salle de cinéma** ; on consulte des livres à la **bibliothèque** et on peut se procurer des documents à la **salle de documentation**.

LES MATIÈRES ÉTUDIÉES

Voici les principales matières étudiées à l'école, au collège et au lycée :

Le **français** : l'**orthographe**, la **grammaire**, la **littérature**.

L'**histoire**, l'**instruction civique**, la **géographie**.

Les **mathématiques** (ou le **calcul**), la **physique**, la **chimie**, les **sciences et vie de la Terre**.

Les travaux manuels : le **dessin**, la **couture**...

Les langues vivantes : **anglais**, **allemand**, **espagnol**, **russe**, **arabe**, **chinois**...

Les langues anciennes (appelées aussi les langues mortes) : **latin**, **grec**.

La **gymnastique**.

La **musique**, le **chant**.

Voici diverses façons de les apprendre, de les étudier :

Au cours de l'année, le professeur suit un **programme pédagogique**, des **Instructions officielles** *.

Il **explique** des **leçons** que l'élève apprend, étudie, retient, révise.

En classe, le professeur fait des **interrogations orales** ou **écrites**. Pour la maison, il donne des **devoirs** à faire : des **exercices** écrits comme la **rédaction**, la **composition**, la **dissertation** *, l'**explication de textes**, les **problèmes** à résoudre ; il peut donner aussi des exercices oraux : **lecture** à faire, **récitation** ou leçon à apprendre, **exposé** à préparer, documents à chercher.

L'ANNÉE SCOLAIRE

L'année scolaire comprend trois **trimestres** * ; la **rentrée des classes** se fait au début du mois de septembre et la **sortie** a lieu à la fin juin.

Les principaux **congés scolaires** sont : les vacances de la Toussaint, les vacances de Noël, les vacances de février, les vacances de Pâques et les grandes vacances d'été.

Pendant l'année scolaire, le professeur suit le **programme** prévu et respecte un **emploi du temps** précis qui comporte les différentes heures de cours et les matières enseignées chaque jour de la semaine.

L'ÉCOLE ET LES MÉTIERS

Le **professeur des écoles** (on disait naguère l'instituteur ou l'institutrice) fait la classe à l'école primaire. Ensuite, ce sont des **professeurs** (de lettres, d'histoire-géographie, d'anglais...) qui donnent des cours.

Le **proviseur** dans un lycée, le **principal** dans un collège, le **directeur** ou la **directrice** dans une école maternelle ou primaire dirigent leur établissement.

Le **surveillant** contrôle l'**assiduité** *, la conduite, le temps libre des élèves.

Au cours de l'année, l'**inspecteur**, l'**inspectrice** peuvent venir assister à la classe.

Le (ou la) **comptable**, l'**économe** *, l'**intendant(e)** *, l'**infirmier** ou l'**infirmière** font aussi partie du personnel de l'école ainsi que le (ou la) **documentaliste**, le (ou la) **bibliothécaire**.

L'ÉCOLE

LOCUTIONS ET EXPRESSIONS

Être à bonne école, c'est recevoir un enseignement sérieux ou faire un apprentissage rigoureux auprès de bons enseignants ou d'une bonne entreprise.

Prendre le chemin des écoliers, c'est prendre le chemin le plus long, celui qui permet de s'évader.

Faire l'école buissonnière, c'est ne pas se rendre à l'école alors que l'on devrait y aller, ou ne pas aller travailler.

Avoir été ensemble sur les bancs de l'école, c'est avoir été élèves de la même école, dans la même classe, à la même époque (en parlant de deux ou plusieurs personnes).

14. LA FAMILLE

Une **société** se compose d'innombrables personnes dont chacune appartient à une famille. Une **famille** est un groupe de personnes qui ont des liens de parenté, de filiation ; on dit qu'elles sont « du même sang ».

Au sens le plus simple, une famille se compose traditionnellement d'un couple et de ses enfants.

Au sens le plus large, elle comprend, en plus du couple et des enfants, les grands-parents, les grands-oncles, les grand-tantes, les neveux, nièces, cousins, cousines...

On désigne aussi par le mot « famille » l'ensemble de plusieurs générations comprenant les **ascendants** (les aïeux, les ancêtres dont on descend) et les **descendants**, c'est-à-dire les membres de la génération d'aujourd'hui (par rapport à celles du passé).

L'**arbre généalogique** reconstitue parfaitement l'**ascendance** * et la **descendance** * (*voir* LES ARBRES).

LA FAMILLE, LES NOMS ET LES VERBES

Sur notre carte d'identité figure notre **nom de famille** (on dit le **patronyme** ou **nom patronymique**) ; il prouve que l'on **appartient**, que l'on **est apparenté** *, **allié** à une famille. On **est issu**, on **descend** d'une famille (dont on est l'actuel représentant).

On **grandit**, on **est élevé** généralement au sein d'une

famille. Plus tard, on la **quitte**, l'**abandonne** pour, à son tour, **se marier** * et **fonder** une famille.

LA FAMILLE ET LES ADJECTIFS

Selon l'entente qui règne entre les membres d'une famille, on dit qu'elle est **unie** ou **désunie**. En fonction de ses richesses, ses biens, elle peut être **riche**, **aisée**, ou **modeste**, **humble**, **pauvre**.

Selon l'opinion que l'on a d'elle, on dit qu'elle est **bonne**, **honnête**, **honorable**, **digne**, **cultivée** ou alors **mauvaise**.

Une famille qui comprend plusieurs enfants est une famille **nombreuse**.

Dans une famille **recomposée**, il y a des enfants nés d'une autre union que celle du couple actuel (mais l'un des conjoints actuels est son père ou sa mère).

LES GROUPES, LES FAMILLES DANS LA SOCIÉTÉ ET DANS LE MONDE

Il existe diverses formes de familles, correspondant pour chacune à une classe de la société : **impériale**, **royale**, **princière**, **noble**, **bourgeoise**, **rurale**, **roturière** *, **paysanne**, **ouvrière**...

Les rois de France étaient issus de familles très **anciennes**, de **grandes**, d'**illustres** familles, comme celle des Bourbons (Henri IV, Louis XIII).

La **dynastie** est une suite de souverains issus d'un même sang, comme la dynastie des Capétiens qui régnèrent en France de 987 à 1328 (issue d'Hugues Capet). On appelle aussi dynastie une suite d'hommes appartenant à la même famille et qui sont devenus célèbres. Par exemple, la dynastie des Bach (musiciens allemands).

Un **clan** est – au départ – une tribu écossaise ou irlandaise composée d'un certain nombre de familles. En France, on appelle « clan » un petit nombre de personnes regroupées qui ont des idées, des actions communes, sans avoir obligatoirement des liens de parenté.

La **caste** désigne chacune des classes entre lesquelles sont partagés les peuples de l'Inde. En France, ce terme désigne une classe de personnes qui se distingue des autres par des privilèges (droits) particuliers et exclusifs.

Une **smala**, mot arabe, désignait la réunion de tentes abritant la famille d'un chef arabe. En France, ce mot désigne – familièrement et péjorativement – une famille nombreuse.

La **tribu** est un groupement de familles placé sous l'autorité d'un chef. On trouve de nombreuses tribus en Afrique.

LES ALLIANCES

Après des **fiançailles**, traditionnellement, un homme et une femme peuvent **se marier**. Ils **contractent le mariage, s'épousent, s'unissent, deviennent mari et femme**. Un homme et une femme peuvent aussi vivre ensemble **en union libre** (ils ne se marient pas mais ont une vie commune).

Le **PACS** est, depuis 1999, un contrat entre deux adultes de sexes opposés ou de même sexe qui décident de vivre en commun.

En France, un homme ne peut avoir qu'une **épouse**, une femme ne peut avoir qu'un **époux** : ils sont **monogames**.

Dans certains pays, on peut être **bigame** (avoir deux époux ou deux épouses) ou **polygame** (avoir plusieurs épouses ou époux).

LES ENFANTS ET LA FAMILLE

Une famille peut avoir ses **propres** enfants, ou enfants **légitimes** (nés de son sang), ou des enfants **adoptifs** (enfant abandonné, ou orphelin, qu'une famille prend en charge). Un enfant **naturel** naît en dehors des liens du mariage (il n'est pas légitime). Un enfant est **orphelin** –

ou orphelin de père ou de mère – lorsqu'il a perdu ses deux parents ou l'un d'entre eux.

Si une famille se compose de plusieurs enfants, le premier-né est l'**aîné**, le second le **cadet** et le dernier-né est le **dernier,** ou le **benjamin.**

Des **jumeaux** ou des **jumelles** sont deux enfants du même sexe ou de sexes différents nés le même jour de la même mère, les **triplés** sont trois enfants nés le même jour de la même mère, les **quadruplés**, quatre enfants, les **quintuplés**, cinq enfants...

LOCUTIONS ET EXPRESSIONS

Lorsque deux personnes se ressemblent, on dit qu'elles **ont un air de famille.**

Quelqu'un qui est dévoué, fidèle aux siens, **possède, a l'esprit de famille.**

On part en vacances **en famille** ou on **est en famille** lorsque **la famille est réunie.**

Les membres d'une même famille peuvent se trouver éloignés les uns des autres : ainsi, on peut **avoir de la famille en** Normandie ou à Marseille ou **aux** Antilles.

D'une entreprise dont le personnel s'entend bien, on dit qu'elle **forme une grande famille.**

Une entreprise **se transmet de père en fils** lorsqu'un enfant en reprend la direction après le départ de son père ou sa mère.

Un ami très intime est considéré comme **faisant partie de la famille.**

LES MEMBRES D'UNE FAMILLE ET LA PARENTÉ

Voici les principaux membres d'une famille :

Le **père** et la **mère** forment le couple X, et ont des **enfants** : un **fils**, une **fille** qui sont entre eux **frère** et **sœur.**

Les parents du couple X sont les **grands-parents** des enfants. Ceux-ci sont leurs **petits-enfants.**

LA FAMILLE

Le frère, la sœur du père ou de la mère sont l'**oncle** et la **tante** des enfants. Ces derniers sont leurs **neveux** ou **nièces**. À leur tour, les enfants de l'oncle et de la tante sont les neveux et nièces du couple X et les **cousins** et **cousines** des enfants de ce couple.

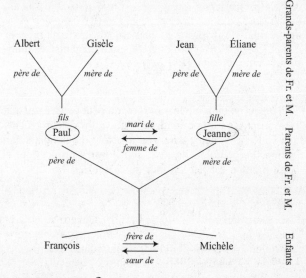

LE SAVEZ-VOUS ?

• Une **saga** (mot d'origine scandinave) désigne, en France, l'histoire, présentant un caractère légendaire, d'une famille.

• Une **famille de mots** est l'ensemble des mots issus d'une même racine, ayant la même origine ; ainsi, les mots **régiment**, **reine**, **royal**, **dérogation** appartiennent à la famille du mot « roi ».

• **En botanique**, **en zoologie**, une **famille** indique le groupe dans lequel sont classés une plante, un animal. Par exemple, le *chat* appartient à la famille des *félidés* ; la *rose* appartient à la famille des *rosacées*.

• Jadis, les nobles faisaient figurer sur leur **blason** * les **emblèmes** * de leur famille.

15. LES FÊTES

Lorsqu'on emploie le mot **fête**, on peut penser soit aux **fêtes inscrites sur le calendrier** et que nous célébrons chaque année à la même date, soit à la **fête du village**, soit à la **fête**, une réunion joyeuse, soit à **notre propre fête** si notre prénom est fêté un jour du calendrier.

LA FÊTE

LA FÊTE ET LES VERBES

En été, c'est la fête au village ; le village **est en fête**. La municipalité **a organisé** une fête.

La fête **a lieu**, **se déroule** en plein air. Un défilé **ouvre** la fête ; la fête **commence**.

Beaucoup de gens **prennent part**, **participent** à la fête : ils **s'y amusent** beaucoup. La fête **bat son plein**. Elle peut **s'achever** par un feu d'artifice (comme au 14 Juillet) ou un cortège, une parade...

LA FÊTE ET LES NOMS

Voici plusieurs noms de fêtes d'ici et d'ailleurs :
La **kermesse** est une fête populaire, généralement **de**

charité *, souvent en plein air. (Il y a beaucoup de ker-
messes dans le nord de la France.)

Le **carnaval** est un grand **divertissement** public ; dans
les rues défilent des chars qu'on décore avec des fleurs,
des mannequins ; on revêt des habits de fête, on met des
masques, on danse sur de la musique. C'est le cas au Carnaval de Nice, de Rio (au Brésil) ou de Venise (en Italie).

La **fête foraine** est une fête publique qui se tient dans
un endroit précis. Là se trouvent de nombreuses **attrac-
tions** : manèges, autos tamponneuses, tir à la carabine,
grand huit...

La **fête nationale** se déroule, en France, le 14 juillet.
Dans les rues de Paris flottent les drapeaux tricolores et
défilent les militaires. Dans les rues des autres villes, c'est
souvent la **fanfare** qui défile. La veille du 14 Juillet, les
rues sont animées par des bals, des spectacles et la **retraite
aux flambeaux** (défilé de **lampions** *). Les **feux d'artifice**
(soleil, rivière, fusée, fontaine...) achèvent la fête en
embrasant le ciel.

Il existe bien d'autres fêtes : fêtes sportives, **tournois**...

Des **festivités** sont organisées à l'occasion d'un événement important.

LA FÊTE ET LES ADJECTIFS

Ici la ville est **en fête**, là on assiste à la fête d'un village, à une fête **locale**. Les fêtes peuvent être **animées** et
réussies. Parfois on redoute qu'elles ne soient **gâchées** par
un orage.

Chez un particulier, on participe à une fête **intime**, **privée**. Elle peut être **brillante**, **réussie** – les invités sont alors
satisfaits – ou, au contraire, **ratée** *(fam.)*, **décevante** – les
invités repartent alors **déçus**, **mécontents**, **insatisfaits**.

L'adjectif **festif** (**festive**) qualifie ce qui concerne la
fête.

LES FÊTES

Principales fêtes françaises (jours fériés), civiles et chrétiennes, du calendrier[1]

janvier	1er	jour de l'an	juin	lundi	Pentecôte (R)
	7	épiphanie (R)			fête des Pères
février		mardi gras	juillet	14	fête nationale
		Cendres (R)	août	15	Assomption (R)
		Carême (R)	septembre	–	–
mars	–	–	octobre	–	–
avril		Pâques (R)	novembre	1er	Toussaint (R)
mai	1er	fête du Travail		11	Armistice
	8	fête de la Libé-ration	décembre	25	Noël (R)
	fin mai	Ascension (R) fête des Mères		31	Saint-Sylvestre

(R) Fête religieuse chrétienne.

LES FÊTES ET LES VERBES

Chez soi, on peut **donner** une fête, **célébrer** une fête, ou **fêter** un événement : fêter Pâques, Noël..., fêter un anniversaire (de naissance, de mariage...), fêter un succès.

On **s'amuse**, on **invite** parents et amis à **prendre part à**, à **participer à** la fête.

On **commémore** le 8 Mai, le 11 Novembre, alors qu'on **fête** le jour de l'an, qu'on **tire les Rois** à l'épiphanie.

On **souhaite** à quelqu'un **sa fête**, le jour de la fête du saint dont il porte le nom ; par exemple, le 25 novembre, on fête la Sainte-Catherine à toutes celles qui se prénomment Catherine.

1. Certaines dates de ce tableau sont indicatives, elles peuvent varier d'une année à l'autre.

LES FÊTES ET LES NOMS

Sur le calendrier, les **jours fériés** sont des jours de fête où personne, en principe, ne se rend à son travail.

Les **fêtes de famille** se déroulent à l'occasion d'**anniversaires** (de naissance, de mariage) ou d'un **baptême**, d'une **noce (mariage)**, d'une **communion**.

Une entreprise fête son **cinquantenaire**, son **centenaire** ou son **bicentenaire** (selon qu'elle existe depuis 50, 100 ou 200 ans).

Un roi, une reine fêtent un **jubilé** lorsque leur règne dure depuis 50 ans.

Voici des fêtes religieuses célébrées solennellement : l'**Aïd-el-Fitr** à la fin du Ramadan et l'**Aïd-el-Kebir** (pour les musulmans), la **Pâque** et le **Grand Pardon** (pour les juifs), **Noël** et **Pâques** (pour les chrétiens), le **Dipavali** (pour les hindouistes)...

> *Voir aussi* LE TEMPS (DURÉE)

LES FÊTES ET LES ADJECTIFS

Le 14 Juillet est une fête **nationale** ; le 11 Novembre, une fête **commémorative** (en mémoire d'un événement de l'histoire).

Noël est une fête **religieuse, traditionnelle** et **familiale**.

Les fêtes qui reviennent chaque année à la même date sont **annuelles, fixes**. Pâques et les fêtes qui dépendent de sa date sont **mobiles**.

LOCUTIONS ET EXPRESSIONS

Faire fête à quelqu'un, c'est l'accueillir avec joie et enthousiasme.

Faire la fête, c'est beaucoup et bien s'amuser.

Ce n'est pas tous les jours fête veut dire qu'au moment où l'on parle on traverse des moments pénibles, difficiles de la vie.

Ça va être ta fête *(fam.)* veut dire : tu vas être puni, malmené.

Il n'a jamais été à pareille fête signifie qu'il n'a jamais été dans une situation aussi bonne, aussi heureuse pour lui.

Il n'est pas à la fête aujourd'hui : il ne lui arrive rien de bien.

Croire au Père Noël, c'est croire à des rêves, à des choses impossibles.

LES FÊTES DE FIN D'ANNÉE

En France, les **fêtes de Noël** et du **nouvel an** sont appelées les **fêtes de fin d'année**. On **réveillonne** deux fois : le 24 décembre, réveillon de Noël, et le 31 décembre, réveillon de la Saint-Sylvestre. Ces fêtes sont aussi les plus spectaculaires (les rues en général sont illuminées) et souvent les plus heureuses : on y reçoit des **étrennes**, des **cadeaux**, on se retrouve en famille ou entre amis, on s'amuse beaucoup et, à cette époque, les enfants sont en vacances de Noël.

Ce que l'on peut faire :

Avant Noël : les enfants peuvent **écrire au Père Noël**, **faire une crèche**, **décorer un sapin**. Le sapin peut être naturel ou artificiel. On accroche à ses branches des **boules**, des **petits objets**, on dispose des **guirlandes brillantes**, **électriques**, **clignotantes**. On peut aussi faire tomber quelques flocons de neige artificielle et placer une **étoile** tout en haut, à la cime du sapin.

Au réveillon : on **chante**, on **raconte des histoires**, on **écoute de la musique**, on **parle** avec sa famille, on **regarde**

la **télévision**... Certains vont à la **messe de minuit** car Noël est une fête religieuse.

On peut **poser ses souliers, ses chaussures** devant une cheminée (si on en a une dans sa maison) ou au pied du sapin.

Le jour de Noël : on offre et on reçoit des **cadeaux** que l'on déballe, que l'on ouvre.

On fait généralement **un repas avec sa famille, en famille**. On s'amuse, on joue, on parle beaucoup.

On peut aussi faire tout autre chose en ces jours de Noël, cela dépend de chacun.

LE SAVEZ-VOUS ?

• **Noël** est une fête religieuse, chrétienne. En effet, le mot « Noël » vient des mots latins *natalis dies*, « jour natal » ou « jour de la naissance ». Il s'agit de la « fête de la nativité » du Christ dans une étable de Bethléem (en Israël). C'est un épisode raconté par la Bible. Il y a plus de 2 000 ans, Jésus serait né la nuit du 24 décembre dans une étable, entouré de ses parents Joseph et Marie, de l'ange Gabriel, de trois Rois mages : Melchior, Gaspard et Balthazar, qui lui offrirent de l'**or**, de l'**encens** * et de la **myrrhe** *. Il y avait aussi des bergers et des moutons, un bœuf, un âne gris. Cette scène est représentée par la **crèche** que l'on peut faire chez soi en miniature ou que l'on peut voir dans les églises à l'époque de Noël.

• En Provence, on orne les crèches de figurines appelées **santons**.

• Le proverbe « Noël au balcon, Pâques aux tisons » veut dire que s'il fait un temps doux à Noël, à Pâques il fera très froid.

16. LES FLEURS

Une fleur est composée d'une **tête**, d'une **tige** (parfois avec des **épines**) et de **feuilles**.

La **corolle** d'une fleur est composée de **pétales**.

Le **cœur** est au centre de la corolle.

Les **sépales** se trouvent sous la fleur et forment le **calice**.

Le **pétiole** * relie la feuille à la **tige** de la fleur.

Les **abeilles** butinent les fleurs et recueillent le **pollen** des **étamines** *, du **pistil** *.

La **queue** s'appelle aussi le **pédoncule**.

_____

LES FLEURS ET LES VERBES

Il y a des fleurs toute l'année. Cependant, la pleine floraison s'étend d'avril à octobre. Les fleurs d'abord **sont en bouton**, puis elles **éclosent**. Le matin, avec le soleil, elles **s'ouvrent** ; durant le jour, elles **s'épanouissent**, **déploient** leurs pétales ; puis certaines **se referment** le soir venu.

Une fleur trop ouverte finit par **se flétrir**, **se faner**, **s'effeuiller**.

Une fleur qui manque de lumière, de soins, **végète**, **s'étiole** *.

Une belle fleur **agrémente**, **orne**, **charme**, **décore**,

embellit, **enjolive** l'endroit où elle se trouve. Elle **exhale** *
son parfum, comme la rose, **parfume**, **embaume**.

Il est agréable de **sentir**, de **respirer** des fleurs. On peut
les **cueillir**, les **couper** pour **composer** un bouquet que l'on
offre pour faire plaisir à quelqu'un.

Il ne faut pas **cueillir** les fleurs des arbres fruitiers car
chaque fleur peut donner un fruit.

LES FLEURS ET LES ADJECTIFS

Une fleur **fraîche éclose** se remarque : elle est **belle**,
épanouie, **odorante**.

D'une fleur **flétrie**, on dit qu'elle est **fanée**.

Un bouquet de fleurs **séchées** décore la maison toute
l'année.

Le rosier produit de nombreuses fleurs : il est **florifère**.

LES FORMES DE FLEURS

Les fleurs peuvent être **simples** (une fleur principale),
comme la violette, la tulipe.

Certaines se présentent **en grappes**, comme le lilas, la
glycine, la jacinthe, d'autres **en ombelle** – chaque fleur
part du même point de la tige pour s'élever au même
niveau (l'ensemble ressemblant ainsi à un parasol) –,
comme les fleurs du sureau ou de l'angélique sauvage.

D'autres fleurs sont **en inflorescence** * sans forme précise, comme l'aubépine.

Enfin, l'hortensia, le chrysanthème se composent d'un
groupe de fleurs formant une grosse **tête** arrondie.

Chaque fleur de la campanule ou du muguet a la forme
d'une **clochette**.

Chaque fleur de la **digitale** a la forme d'un doigt
(« digitale » vient du latin *digitalis*, de *digitus*, « doigt »).

On dit *une* rose, *un* cyclamen mais **un brin** ou **une tige** de muguet, **une branche** de lilas.

LES FAMILLES DE FLEURS

Voici plusieurs sortes de fleurs : les **fleurs des prés** comme la pâquerette ; les **fleurs des champs** comme le coquelicot ; les **fleurs aquatiques** comme le nénuphar ; les **fleurs de jardin** ou **cultivées** comme la tulipe, ou **de serre** comme, parfois, l'azalée ; des **fleurs de montagne** comme la gentiane, l'edelweiss * ; des **fleurs exotiques** comme l'orchidée.

LES FLEURS ET LES MÉTIERS

Le (ou la) **fleuriste** fait le commerce des fleurs. Chez lui (chez elle), on achète ou on commande un bouquet ou une fleur en pot. Il (elle) réalise des compositions florales.

Le **jardinier** plante, cultive, soigne, entretient, coupe les fleurs.

L'**horticulteur** plante, taille, entretient des arbres, des plantes d'ornement.

Le **botaniste** étudie l'ensemble des végétaux.

DES GROUPES DE FLEURS

Voici plusieurs façons de rassembler des fleurs coupées :

On peut en faire un **bouquet** que l'on arrange dans un vase ou composer une **brassée** *, une **couronne**, une **gerbe**, une **guirlande** de fleurs.

Dans le jardin, les fleurs forment des **massifs**, des **parterres** *, ou ornent des **plates-bandes** *.

LES FLEURS

LES FÊTES ET LES FLEURS

Une fête est souvent une occasion d'offrir des fleurs. Le **1er mai**, on achète, on vend du muguet sur la place publique, car c'est la tradition d'offrir ce jour-là un brin de muguet qui, dit-on, porte bonheur. Pour un **anniversaire**, la **fête du prénom** d'une femme, pour la **Saint-Valentin**, pour fêter une femme (plus rarement un homme), pour la **fête des Mères**, on offre souvent un bouquet de fleurs.

À la Toussaint, il est de tradition de déposer un **chrysanthème** sur la tombe des morts.

LES PRINCIPALES FLEURS

ancolie *(f.)*	fuchsia *(m.)*	pensée *(f.)*
anémone *(f.)*	gardénia *(m.)*	perce-neige *(m.)*
aubépine *(f.)*	gentiane * *(f.)*	pervenche *(f.)*
azalée *(f.)*	géranium *(m.)*	pétunia *(m.)*
bégonia *(m.)*	giroflée *(f.)*	phlox *(m.)*
bleuet *(m.)*	hortensia *(m.)*	pied-d'alouette *(m.)*
bouton-d'or *(m.)*	immortelle *(f.)*	pissenlit *(m.)*
bruyère *(f.)*	iris *(m.)*	pivoine *(f.)*
camélia *(m.)*	jacinthe *(f.)*	pois de senteur *(m.)*
campanule *(f.)*	jasmin *(m.)*	primevère *(f.)*
capucine *(f.)*	jonquille *(f.)*	réséda *(m.)*
chardon *(m.)*	lavande *(f.)*	rhododendron *(m.)*
chèvrefeuille *(m.)*	lilas *(m.)*	rose *(f.)*
chrysanthème *(m.)*	lis *(m.)*	sauge *(f.)*
clématite *(f.)*	liseron *(m.)*	seringa *(m.)*
colchique *(m.)*	marguerite *(f.)*	soleil *(m.)* ou tournesol * *(m.)*
coquelicot *(m.)*	myosotis *(m.)*	souci *(m.)*
cyclamen *(m.)*	narcisse *(m.)*	tulipe *(f.)*
dahlia *(m.)*	nénuphar *(m.)*	violette *(f.)*
digitale *(f.)*	œillet *(m.)*	volubilis *(m.)*
edelweiss * *(m.)*	orchidée *(f.)*	zinnia *(m.)*
églantine *(f.)*	pâquerette *(f.)*	
	pavot *(m.)*	

LE SAVEZ-VOUS ?

- Locutions : « Jeter des fleurs à quelqu'un », « couvrir quelqu'un de fleurs », c'est lui faire beaucoup d'éloges, le flatter.

- L'adjectif **fleurdelisé** signifie « orné de fleurs de lis (ou lys) ». Jadis, le drapeau des rois de France était **fleurdelisé**.

- Pendant quelques années, après la révolution de 1789, les mois ne portaient pas le même nom qu'aujour-d'hui. Ainsi, **floréal** fut proclamé le huitième mois du calendrier républicain. On l'avait appelé ainsi parce qu'il s'étendait du 20-21 avril au 19-20 mai. C'est la saison du plein épanouissement des fleurs, de leur pleine floraison.

- Les **Floralies** sont une grande exposition des plus bel-les variétés de fleurs qui se tient dans des grandes villes de France et régulièrement à Paris, au bois de Vincennes. Chez les anciens Romains, ce nom de Floralies désignait les fêtes données en l'honneur de **Flore**, déesse des jardins et des fleurs.

- On appelle **la flore** * et **la faune** * l'ensemble des végétaux et l'ensemble des animaux.

- Dans le **langage des fleurs**, le **myosotis** signifie « Ne m'oubliez pas » ; la **rose rouge** est le signe d'un amour ardent.

17. LES FLEUVES ET LES COURS D'EAU

La **source** d'un cours d'eau se trouve **en amont** (vers le mont) et son estuaire **en aval** (vers le val).

Les **berges** sont les deux bords d'une **rivière** où l'on peut se promener.

L'eau du fleuve, contrairement à celle de la mer, est une **eau douce** (non salée).

Un grand fleuve reçoit les eaux de plusieurs **affluents** avant d'aller se jeter dans la mer.

Sur le **fleuve**, on peut voir passer des bateaux, des barques, des péniches, des **chalands** *.

LES FLEUVES, LES VERBES ET LES NOMS

Un fleuve **naît**, **prend sa source** à un endroit précis (la Seine, par exemple, naît au plateau de Langres), puis **suit son cours**, **fait**, **décrit**, **trace** des **méandres** * avant de **se jeter** dans un autre fleuve ou dans la mer.

Un fleuve **coule**, **passe** dans une région, **traverse** un pays, une région, **serpente** dans la plaine, **se perd** dans les terres, **arrose**, **baigne** une ville, **court** vers la mer et y **déverse** ses eaux.

Un fleuve **charrie** *, **transporte**, puis **dépose** du **limon** *, des **alluvions** *, de la **vase**. Il **porte**, **véhicule** parfois des impuretés lorsqu'il est **pollué**.

Quand il a beaucoup plu, un fleuve **est en crue** : il **déborde**, **inonde** les berges. Parfois c'est la **débâcle** *. Un fleuve violent **se précipite**, il **dévaste**, **arrache** tout sur son passage.

Quand le temps a été très sec, il arrive que le fleuve **soit asséché**, **soit à sec**.

On peut **traverser** un fleuve **à la nage**. On **passe** d'une **rive** à l'autre par bateau, ou en empruntant un pont. On **descend**, on **remonte** un fleuve en bateau.

On **endigue** * un fleuve, on **assèche**, **drague** * un ruisseau. Le ruisseau **chante**, **murmure** en traversant une forêt, une prairie. Le torrent **mugit**, **gronde**. Il peut **rouler**, **se déchaîner**, **déferler**.

LES FLEUVES ET LES ADJECTIFS

Un fleuve est **profond** ou peu profond, **clair**, **limpide** ou **trouble**, **vaseux**, **pollué**, **bourbeux**. Il peut être **étroit** ou **large**. Son débit est **rapide**, **puissant**, ou bien **lent**, **faible**. Un fleuve peut être **tranquille**, **calme** ou **impétueux** *. Il déverse alors des eaux **torrentielles**. Un torrent, une cascade possèdent des eaux **jaillissantes**. Les eaux du torrent peuvent être **dévastatrices**.

Le cours d'une rivière peut être **sinueux** ou **droit**. Les abords d'un cours d'eau peuvent être **marécageux**.

Un fleuve **guéable** peut être aisément traversé. On passe **à gué** (endroit peu profond où l'on va à pied). Sur un fleuve **navigable**, on se déplace aisément en bateau.

On peut pêcher beaucoup de poissons dans une rivière **poissonneuse**.

LES PARTIES D'UN FLEUVE

Au fil de son parcours, un fleuve peut décrire des **boucles**, des **méandres** *, faire un **coude**. Des **affluents**, des **bras** peuvent venir s'y jeter et l'alimenter.

Un fleuve se jette dans la mer par une **embouchure** * (comme celle de la Seine), un **delta** * (comme celui du Rhône), un **estuaire** * (comme la Gironde, estuaire de la Garonne).

Le fleuve coule dans un **lit** *. On peut voir le **fond** d'un fleuve si le fleuve est peu profond et **ses eaux**, claires. Au fond, se trouvent de la **vase**, du **limon** * ou du **sable**, des **cailloux**.

On marche sur les **rives**, les **berges**, les **bords** d'un fleuve. Un **affluent** se jette dans un fleuve en formant un **confluent** *.

LES CONSTRUCTIONS ET LES FLEUVES

Le **pont** traverse le fleuve ; il est construit pour relier une rive à l'autre.

Le **barrage** d'une usine **hydraulique** * retient l'eau. Il permet d'assurer la production d'électricité.

Dans un **canal**, on ouvre des **écluses** pour laisser passer une péniche, puis on les referme.

LES ANIMAUX ET LES COURS D'EAU

La **faune** * des cours d'eau est surtout composée de poissons (*voir* LES POISSONS) et d'oiseaux (*voir* L'OISEAU) mais aussi d'autres animaux comme les rongeurs.

Voici les principaux **poissons de rivière**, courants en France : la **truite**, le **brochet** *, l'**anguille** *.

Voici des **rongeurs** : les **castors**, les **loutres** * vivent dans l'eau des fleuves et des rivières.

Voici des **batraciens** : les **grenouilles**, les **salamandres** *, les **tritons** *, les **crapauds** habitent près des rivières.

Voici les principaux **oiseaux** qui vivent près des rivières, en France : le **héron** *, le **flamant rose** (sud de la France), le **martin-pêcheur** *... Les **cygnes**, les **canards** vont sur l'eau.

Voici des **insectes** que l'on rencontre au bord des eaux : les **moustiques**, les **libellules**.

LA VÉGÉTATION ET LES COURS D'EAU

Voici des **fleurs** que l'on trouve au bord des rivières : le **jonc**, la **prêle** *, le **roseau** mais aussi le **nénuphar** qui se trouve à la surface de l'eau.

Des **arbres** comme le **saule** *, le **peuplier** longent les bords des fleuves.

DIFFÉRENTS COURS D'EAU

Le **canal** est un cours d'eau artificiel creusé par les hommes et utilisé pour la navigation.

La **cascade** est une masse d'eau, ou une succession de chutes d'eau, jaillissante.

La **chute** est une masse d'eau importante qui tombe d'une certaine hauteur.

Le **courant** est le mouvement, le cours, le **fil** * que suit l'eau.

La **rivière** est un cours d'eau d'une importance moyenne par rapport au fleuve. La **rivière souterraine** coule sous la terre.

Le **ruisseau** est un petit cours d'eau qui se jette dans une rivière ou un fleuve.

Le **ruisselet**, le **ru** sont de très petits ruisseaux.

Le **torrent** est un cours d'eau rapide à débit irrégulier qui coule en forte pente (souvent d'une montagne).

Le **tourbillon** est une masse d'eau animée d'un mouvement vif comme celui d'une hélice.

LE SAVEZ-VOUS ?

• Un **roman-fleuve** est un roman très long dont le récit met en scène, en divers lieux, de nombreux personnages sur plusieurs générations.

• L'expression « Les petits ruisseaux font les grandes rivières » veut dire que plusieurs petites choses amassées finissent par former une chose importante.

• Dans la mythologie grecque, le **Styx** était le plus

grand fleuve des Enfers (le royaume des morts) dont il faisait sept fois le tour. On raconte que ses eaux magiques rendaient invulnérables et qu'autour de ce fleuve erraient pendant cent ans ceux qui n'avaient pas reçu de **sépulture** *.

• Le fleuve a un **régime** * : si ses eaux coulent lentement, il a un **débit faible** ; si ses eaux coulent rapidement, il a un **débit fort, puissant**.

• **Voici quelques grands fleuves du monde :**

L'**Amazone**, fleuve d'Amérique du Sud, naît dans les Andes et se jette dans l'océan Atlantique. Il mesure 7 000 km.

Le **Yangzi Jiang** est le plus long fleuve de Chine : il naît au Tibet et se jette dans la mer de Chine orientale. Il mesure 5 980 km.

Le **Congo** est un fleuve d'Afrique centrale, né sur le plateau du Katanga, qui se jette dans l'océan Atlantique. Il mesure 4 700 km.

Le **Mississippi**, fleuve des États-Unis, naît dans le Minnesota et se jette dans le golfe du Mexique. Il mesure 3 780 km de long.

La **Volga**, fleuve de la Russie, naît sur le plateau de Valdaï et se jette dans la mer Caspienne. Elle mesure 3 690 km.

Le **Gange**, fleuve de l'Inde, naît dans l'Himalaya et se jette dans le golfe du Bengale. Il mesure 3 090 km.

Le **Danube** est un fleuve d'Europe, né dans la Forêt-Noire en Allemagne, qui se jette dans la mer Noire. Il mesure 2 850 km.

Le **Saint-Laurent**, fleuve d'Amérique du Nord, naît du lac Ontario et se jette dans l'Atlantique. Il mesure 1 140 km.

Voir aussi	LES BATEAUX
	L'EAU
	LA MER
	L'OISEAU
	LES POISSONS
	LES TRANSPORTS

18. LA FORÊT

Les forêts sont de grands espaces naturels où poussent des **arbres** (qui constituent l'essentiel de leur surface) et des **arbustes**, mais aussi des **fleurs**, des **champignons**, où vivent des **insectes**, des **reptiles**, des **oiseaux**, des **mammifères**.

Une **allée**, une **avenue**, une **route** ou un **sentier forestier** peuvent sillonner la forêt.

Broussailles, haies, ronces, buissons, fourrés, taillis l'envahissent.

Par-ci, par-là, on rencontre des **bouquets d'arbres**, des **bosquets** *, des **futaies** *.

Des **clairières**, des **éclaircies** ou une **percée** * viennent interrompre l'espace boisé et apportent de la lumière dans une forêt.

C'est à la **lisière** *, à l'**orée** * des bois, de la forêt que vivent le plus grand nombre et la plus grande variété d'animaux.

LA FORÊT ET LES VERBES

Il est agréable de **se promener en** forêt, simplement pour le plaisir. On **s'enfonce** dans les sous-bois ; on **pénètre au cœur, au fort de** * la forêt profonde, mais attention de ne pas **s'y perdre**, ni de **s'y égarer** !

Les braconniers et les chasseurs **chassent** dans la forêt.

Cependant, la forêt a d'autres utilités : elle est exploitée pour ses arbres, le bois qu'elle **fournit**. Les bûcherons **scient**, **coupent**, **abattent** des arbres.

On **déboise** ou **reboise** * la forêt ; on **plante** des arbres, on **peuple** ou **repeuple**, on **débrousse** * (en Afrique), on **défriche**, on **éclaircit** * ou on **aménage** * la forêt.

LA FORÊT ET LES ADJECTIFS

Une **belle** forêt est **bourgeonnante** au printemps ; elle est **verte** en été ; à l'automne, les feuilles mortes tombées forment un tapis **jaune**, **rouille** et **or** ; en hiver, elle est **dénudée**.

Certaines forêts sont **épaisses**, **drues** *, **denses**, **touffues**, **luxuriantes** *, d'autres sont **clairsemées**.

Une forêt est **praticable** quand elle peut être **traversée**. Cela veut dire qu'elle a déjà été **explorée**, **parcourue** par les hommes. Une forêt trop **dense** ou trop **broussailleuse** est **impénétrable** : c'est le cas de la forêt **vierge**, **équatoriale** * (ou de certaines végétations denses comme la **jungle** *, la **brousse** *), qui n'a jamais été **exploitée** et qui est **envahie** par une végétation **abondante**.

Une forêt est **secrète**, **mystérieuse** : on n'en finit pas de la découvrir.

Une forêt peut être **habitée**, **peuplée** ou bien **déserte**. S'il y a beaucoup de gibier, elle est **giboyeuse**.

Certaines forêts sont **exploitées** : elles sont **déboisées** (on abat les arbres), **défrichées** *, **dépeuplées** ; cependant, beaucoup d'entre elles sont **protégées** et **conservées**. Les incendies de forêts sont malheureusement fréquents et on trouve des forêts **brûlées**, **dévastées**, **incendiées**.

Enfin, suivant le climat et la végétation, le sol de la forêt est **jonché** de pommes de pins, d'épines, de brindilles, de feuilles, de glands...

Une forêt est **communale** lorsqu'elle appartient à une

commune, **domaniale** lorsqu'elle fait partie du domaine de l'État français.

Dans une forêt bien **entretenue**, on peut se promener dans des allées **forestières**.

LA FORÊT ET LA VÉGÉTATION

Dans nos forêts poussent la **bruyère**, l'**ajonc** *, la **fougère**, les **ronces**, la **mousse**, le **lierre**, croissent la **jacinthe** des bois, l'**aubépine**, l'**églantine**, le **houx**...

À la fin de l'été, on y récolte des **mûres**, des **baies sauvages**.

À l'automne, on va faire la cueillette des **champignons** ou on ramasse des **châtaignes**, des **noisettes**, des **glands** (dont se nourrissent les porcs)...

Dans les forêts **équatoriales** *, on trouve des **lianes** *.

LA FORÊT ET LES ANIMAUX

Voici des animaux de nos forêts : le **cerf**, la **biche**, le **daim**, la **daine**, le **chevreuil** *, qui sont souvent la proie des chasseurs tout comme le **renard** (animal nuisible *).

La forêt est aussi le repaire du **loup** et du **sanglier**.

Parmi les rongeurs, on peut trouver des **lièvres**, des **écureuils**.

Parmi les oiseaux : les **hiboux**, les **geais**, les **chouettes**, les **perdrix**, les **faisans**... habitent à la lisière de nos forêts.

Enfin, on trouve également beaucoup d'insectes : entre autres, des **moustiques**, des **mouches**...

LA FORÊT ET LES HOMMES

Le **bûcheron** abat les arbres ; jadis, il coupait leurs troncs avec une **cognée** *, une hache, une scie ; aujourd'hui il utilise une **tronçonneuse** *.

Le **sylviculteur** s'occupe de l'exploitation de la forêt et l'**arboriculteur** de la culture des arbres.

Le **garde forestier** surveille les forêts domaniales : il est chargé de constater les infractions commises. Le **garde-chasse**, quant à lui, veille à la conservation du gibier dans les forêts.

Le **conservateur des eaux et forêts** est chargé de l'administration de tout ce qui concerne les cours d'eau, les étangs, les forêts de l'État français.

L'**apiculteur** (ou l'**apicultrice**) aussi installe ses ruches près des bois : c'est pour cela que l'on trouve du miel de sapin, de châtaignier.

Le **braconnier** est une personne qui chasse ou pêche en dehors des dates autorisées (il fait du **braconnage**, ou il **braconne**).

LES GROUPES D'ARBRES PARTICULIERS

Voici plusieurs sortes de forêts dont le nom correspond à l'espèce d'arbres qui y domine :

Une **hêtraie** est un endroit planté de hêtres ; la **chênaie**, de chênes ; l'**ormaie**, d'ormes * ; la **frênaie**, de frênes * ; la **boulaie**, de bouleaux ; la **saulaie**, de saules...

La **pinède** est un lieu planté de pins ; la **sapinière**, de sapins.

La **charmille** est une allée plantée de **charmes** *.

LE RÔLE DE LA FORÊT

La forêt fournit le **bois de construction** et permet la fabrication de la **pâte à papier**. La forêt joue un rôle important dans la nature : elle régularise l'**écoulement des eaux**, elle protège les sols contre l'**érosion**, elle réduit les **écarts de température** entre le jour et la nuit...

De plus, d'énormes quantités d'**énergie solaire** sont transformées par la forêt en **substances nutritives** (c'est le premier relais de la chaîne alimentaire : plantes-animaux ; *voir* L'ALIMENTATION).

La forêt nous fournit aussi de l'**oxygène**, grâce à la **chlorophylle** * et à l'action du soleil.

LE SAVEZ-VOUS ?

• La légende raconte que dans la **forêt de Brocéliande**, en Bretagne, vivait l'enchanteur Merlin.

• La forêt, dans le monde, occupe une superficie de 3 856 millions d'hectares, soit globalement presque 30 % de la surface des terres émergées.

La **forêt tropicale**, à elle seule, couvre 1 200 millions d'hectares, dont 330 millions en Amazonie.

• La plus grande forêt de France et d'Europe est la **forêt des Landes**, 627 000 hectares de massifs forestiers. Il s'agit d'une forêt artificielle semée (et non plantée).

Voir aussi LES ARBRES

19. LES FRUITS ET LES LÉGUMES

Les **fruits** sont très nombreux dans nos régions ; parmi les plus courants, on trouve la pomme, la poire, le raisin, la prune, les cerises, les fraises... Il en pousse dans d'autres pays ; c'est le cas, par exemple, de l'orange, de l'ananas, de la papaye *...

Il existe des fruits **à pépins** (la pomme, la poire, le raisin, le melon...), des fruits **à noyau** (l'abricot, la pêche, le brugnon...). Certains sont des **baies** (la groseille, la myrtille *, le cassis...).

Selon les **légumes**, on consomme les **racines** (comme la carotte, le radis), les **graines** (comme les petits pois), les **tiges** (comme l'asperge, le poireau), les **feuilles** comme les épinards, la laitue), les **tubercules** * (comme la pomme de terre)...

LES FRUITS

LES FRUITS ET LES VERBES

Dans le verger, les arbres **donnent, portent, produisent** de beaux fruits. Leurs branches en sont **chargées, couvertes**. Elles **croulent, plient** sous leur poids.

Sur un arbre, les fruits commencent par **se former**, puis **se développent, croissent, grossissent**.

On peut voir alors les fruits **se colorer, grossir, mûrir, être à point** * : l'heure est venue de les **récolter** : on les

cueille, on les **manipule** pour les **trier**, puis les **ranger** dans des caisses en attendant de les **vendre** ou de les **manger**, ou on les **entasse en vrac** dans des cageots.

On peut aussi voir les fruits **pendre** de l'arbre, y **rester suspendus**, **jaunir**, **se gâter** *, **se rider**, **se crevasser**, **se fendiller** ou **pourrir**, puis **se détacher**, **choir**, **tomber**, **joncher**, **parsemer le sol** et y **moisir**.

À l'automne, on **gaule** * les noix, on **vendange** * les raisins.

On **détache** un fruit d'un arbre, on le **lave** ou on le **pèle**, puis on le **croque**, on **mord** dedans à belles dents.

LES FRUITS ET LES ADJECTIFS

Un fruit **savoureux** présente une chair **pulpeuse** *, **juteuse**, **parfumée**. La chair du fruit **fade** est **farineuse**, **cotonneuse**.

Un fruit peut être **vert** ou **mûr** ; **comestible** * ou **inconsommable** * ; **acide**, **amer** ou **doux** ; **volumineux**, **gros**, **énorme** ou bien **petit**, **moyen**, **ratatiné** * ; **coloré**, **doré**, **vermeil** *, **sain**, **charnu**, ou **froissé**, **piqué**, **blet** *, **taché** *, **tavelé** *, **talé** *, **avarié** *, **véreux** *. On croque avec plaisir dans un fruit **suave**, **parfumé**, **délicieux**, **à point** *, **exquis**.

LES PRINCIPAUX FRUITS

Fruits de nos régions	abricot *(m.)* [A.F.]	framboise *(f.)* [A.]	noisette *(f.)* [A.F.]
	airelle *(f.)* [A.]	gland *(m.)* [A.F.]	noix *(f.)* [A.F.]
	amande *(f.)* [A.F.]	grenade *(f.)* [A.F.]	olive *(f.)* [A.F.]
	brugnon *(m.)* [A.F.]	groseille *(f.)* [A.]	pastèque *(f.)* [S.]
	cassis *(m.)* [A.]	melon *(m.)* [S.]	pêche *(f.)* [A.F.]
	cerise *(f.)* [A.F.]	mirabelle *(f.)* [A.F.]	poire *(f.)* [A.F.]
	châtaigne *(f.)* [A.F.]	mûre *(f.)* [A.]	pomme *(f.)* [A.F.]
	coing *(m.)* [A.F.]	myrtille * *(f.)* [A.]	prune *(f.)* [A.F.]
	fraise *(f.)* [S.]	nèfle * *(f.)* [A.]	raisin *(m.)* [A.]

A.F. : fruit d'arbre fruitier   A. : fruit d'un arbuste   S. : fruits au sol

Fruits exotiques	ananas *(m.)*	goyave * *(f.)*	noix de cajou *(f.)*
	avocat *(m.)*	jujube * *(m.)*	noix de coco *(f.)*
	banane *(f.)*	kaki * *(m.)*	orange *(f.)*
	citron *(m.)*	litchi * *(m.)*	pamplemousse *(m.)*
	datte *(f.)*	mandarine *(f.)*	papaye * *(f.)*
	figue *(f.)*	mangue *(f.)*	pistache *(f.)*

LES LÉGUMES

LES LÉGUMES ET LES VERBES

Le jardinier, l'agriculteur **cultivent** des légumes : ils **buttent** des pommes de terre, **éclaircissent**, **sarclent** *, **binent** *, **repiquent** des plants (de salade par exemple) ou bien **arrachent** certains légumes pour les **récolter** (comme les carottes, les radis)...

Pour pouvoir les **consommer**, on **écosse** des petits pois, on **épluche**, **pèle** les carottes, les pommes de terre ; on **lave** la salade.

LES LÉGUMES ET LES ADJECTIFS

Selon la date où on les récolte dans l'année, les légumes peuvent être les premiers de l'année, ce sont les **primeurs** * : ils sont **hâtifs** *, **précoces** *, **printaniers** ; ou bien les derniers de l'année : **tardifs**, **automnaux**, **d'arrière-saison**.

On consomme les légumes **frais**, **verts**, **crus** ou **cuits**, **conservés** ou **surgelés**.

On appelle **légumes secs** les lentilles, les haricots secs, les pois chiches, etc., que l'on doit faire tremper avant de les cuire pour pouvoir les consommer.

Certains légumes sont de **belle taille**, **gros**, **vigoureux**, **résistants**, comme la citrouille, d'autres plus **petits** comme les petits pois.

DIFFÉRENTES SORTES DE LÉGUMES

On distingue plusieurs espèces de légumes, selon la partie que nous consommons : la racine, les graines, la tige, le bulbe, les feuilles, les tubercules *, les fleurs ; il y a aussi les « légumes-fruits ».

Les légumes **à racine** : betterave, carotte, céleri, **manioc** *, navet, radis, **rave** *, **rutabaga** *, salsifis...

Les légumes **à graines** : fève, haricot, lentille, pois, soja...

Les légumes **à tige** ou **branches** : asperge, **bette** * (ou **blette** *), céleri, fenouil, poireau.

Les légumes **à bulbe** : ail, échalote, oignon.

Les légumes **à feuilles** : chicorée, chou, chou de Bruxelles, cresson, endive, épinard, laitue, mâche, oseille, pissenlit, romaine, scarole...

Les légumes **à tubercules** * : **igname** *, **crosne** *, patate, pomme de terre, **topinambour** *, truffe.

Les légumes **à fleurs** : artichaut, chou-fleur.

Les **légumes-fruits** (ayant plutôt une forme apparentée à celle des fruits) : aubergine, citrouille, concombre, cornichon, courge, courgette, melon, pastèque, piment, poivron, **potiron** *, tomate.

LES FRUITS ET LÉGUMES ET LE COMMERCE

On vend des fruits et des légumes préalablement **triés**, **sélectionnés** en fonction de leur espèce et de leur **calibre** *.

On peut acheter des fruits et des légumes chez un **agriculteur** au bord de la route ou en traversant une ville, un village. On trouve des fruits et légumes sur le **marché**, chez un **marchand de fruits et légumes**, ou un **maraîcher** *, chez un **épicier** ou au rayon « fruits et légumes » d'un **supermarché**. Ces revendeurs doivent s'approvisionner chez un **grossiste** *, des **producteurs**, aux **halles**.

LE SAVEZ-VOUS ?

• Jadis, les **halles** de Paris se trouvaient dans le 1er arrondissement. Là, étaient concentrés les commerces alimentaires de gros, sous les pavillons de Baltard (nom de l'architecte qui les construisit en 1854). Les bâtiments ont été détruits et les halles se trouvent depuis 1969 à Rungis, au sud de Paris.

• **Fructidor** vient du latin *fructus*, « fruit », et du grec *dôron*, « don », « présent ». Après la révolution de 1789, fructidor était le douzième mois du calendrier républicain (18-19 août/17-18 septembre), ainsi nommé parce qu'il est par excellence le mois des fruits que le soleil dore et mûrit d'août à septembre.

> *Voir aussi* L'ALIMENTATION
> LE JARDIN

20. LES INSECTES

Les **insectes** vivent sur terre, parfois dans les eaux douces, mais pas en mer. Ils sont toujours de très petite taille (0,01 à 30 centimètres) et sont très nombreux en été.

Voici plusieurs insectes très courants dans nos régions : la mouche, la fourmi, la coccinelle, la guêpe, le moustique, la puce, le pou, le cafard, le papillon, la sauterelle... Certains sont **utiles**, d'autres sont **nuisibles** *.

L'**entomologiste** est le scientifique qui étudie les insectes. Sa science s'appelle l'**entomologie**.

LES INSECTES ET LES VERBES

L'insecte **vole**, **voltige**, **se pose** sur une fleur, puis **file** dans les airs, **saute**, **s'arrête**, **repart**.

Un insecte **ronge**, **broie** avec ses mandibules * ou **lèche**, **suce** avec un suçoir ; l'abeille **butine**.

Certains insectes **bourdonnent** ou **émettent** un bruissement.

Dans une région infestée (où les insectes sont très nombreux), les insectes **grouillent**, **pullulent**, **fourmillent**. Pour **s'en débarrasser**, on les **chasse**, les **écrase**, les **tue**.

118

LES INSECTES

LES INSECTES ET LES ADJECTIFS

Un insecte est **utile** quand il est **productif** (comme l'abeille, qui fabrique le miel, ou le ver à soie, chenille qui fabrique la soie) ou lorsqu'il détruit des insectes nuisibles (comme la coccinelle, qui débarrasse des pucerons).

Un insecte est **nuisible, destructeur** quand il détruit des récoltes (comme le doryphore *), quand il est **porteur** d'une maladie ou quand il fait une piqûre (comme le moustique, la guêpe, le frelon qui ont un dard).

Un insecte **parasite** * vit sur la peau et aux dépens de certains animaux ou personnes (comme les poux, les tiques, les punaises).

Les papillons de collection sont des insectes **magnifiques, splendides**, très **colorés**.

LES SOCIÉTÉS D'INSECTES

Les sociétés de fourmis vivent dans des **fourmilières** ; celles de termites, dans des **termitières** ; l'abeille domestiquée vit dans une **ruche**.

Un groupe nombreux d'insectes forme un **essaim** (de guêpes, d'abeilles, de frelons), un **vol** (de libellules), une **nuée** * (de moustiques), un **nuage** (de sauterelles, de coccinelles), une **colonie**, un **fourmillement** (d'abeilles).

LES INSECTES LES PLUS COURANTS

Voici des insectes qui volent : la **libellule**, la **sauterelle**, l'**éphémère** *, le **papillon**, la **mouche**, le **moustique**, le **cousin**, le **charençon**, la **cigale**, le **hanneton** *, la **coccinelle**, l'**abeille**, la **guêpe**, le **frelon** *...

Voici des insectes qui piquent : le **moustique**, le **taon** *, la **puce**, la **punaise**, le **pou**, la **guêpe**, le **frelon**.

Voici des insectes qui sautent : la **sauterelle**, la **puce**, le **pou**.

Voici des insectes qui émettent un cri ou un chant : le **criquet**, le **grillon**, la **cigale**...

Voici d'autres insectes : le **cafard**, la **mite** *, le **ver luisant**, la **luciole** *, la **mante religieuse** *.

Les métamorphoses du papillon

un **œuf**
    ↳ une **larve**
        ↳ une **chenille**
            ↳ une **chrysalide** * (ou une **nymphe**)
                ↳ un **insecte parfait**

L'abeille travailleuse

L'abeille est réputée pour être **travailleuse, laborieuse, diligente** *, **active** et **industrieuse** *.

L'abeille **butine** les fleurs pour **recueillir** le **pollen** qu'elle transforme ensuite en **miel**.

Dans la ruche vivent plusieurs sortes d'abeilles : les **faux bourdons**, les **ouvrières** et la **reine**.

Grâce au travail de l'abeille, on obtient le **miel** et d'autres **produits de la ruche** : des **rayons de miel**, la **cire d'abeille**, la **gelée royale**. On fabrique aussi de l'**hydromel** *.

Selon que les abeilles butinent les fleurs des acacias, de la lavande, des châtaigniers, on obtient du miel de ces différents parfums.

LE SAVEZ-VOUS ?

• **La Fontaine** a écrit de nombreuses fables mettant en scène des insectes : la plus célèbre est « La Cigale et la Fourmi » mais il y a aussi : « Le Coche et la Mouche »,

« La Mouche et la Fourmi », « Les Frelons et les Mouches à miel ».

• L'**insecticide** est un produit chimique que l'on utilise pour détruire les insectes.

• On dit **un** termite (ce nom est masculin).

• Un animal **insectivore** se nourrit essentiellement d'insectes (c'est le cas du hérisson).

• **Désinsectiser**, c'est détruire les insectes nuisibles * qui infestent un endroit.

> *Voir aussi* LES ANIMAUX
> LES BRUITS ET LES CRIS

21. LE JARDIN

Il existe plusieurs sortes de jardins.

Dans un **jardin potager**, on cultive des légumes, des arbres fruitiers, diverses plantes.

Dans un **jardin d'agrément** *, on cultive surtout des fleurs, des plantes grasses, des arbustes ou des arbres ornementaux. On s'y promène pour le plaisir et l'on s'y repose à l'ombre, l'été.

Dans un **jardin public**, le public vient se promener, se reposer sur un banc, admirer les fontaines. Les enfants vont jouer dans les bacs à sable et font des jeux de plein air. À la belle saison, on y fait du jogging. À l'automne, on marche sur un tapis de feuilles.

LE JARDIN ET LES VERBES

Pour bien protéger et **délimiter** son jardin, il faut l'**enclore**, le **grillager**, l'**entourer de murs**, le **clôturer**.

Dans le jardin **travaille** le jardinier : il **jardine**, **cultive** la terre, **entretient** le jardin, **soigne** les plantes qui s'y trouvent, **tond** les pelouses.

Le jardinier **pioche**, **bêche** le sol, **retourne** la terre ; il **casse** les mottes, puis il **ratisse** la terre. S'il veut **récolter** des salades, il doit d'abord **semer** des graines (**faire des** semis *), **arroser** son terrain, puis il **replante** les jeunes plants.

Le jardinier doit **arracher** les mauvaises herbes qui envahissent le jardin : il **désherbe**, **bine** * les allées.

S'il veut **planter** un arbre, il **creuse** un trou. Il peut aussi **greffer** * un arbre fruitier (**transplanter** une branche d'un arbre sur un autre arbre).

C'est le jardinier qui **butte** * les pommes de terre, **taille** et **entretient** les massifs, **élague** * les arbres, **rame** * les petits pois...

Quand il fait beau, pendant le week-end ou les vacances, beaucoup de gens **se livrent**, **s'adonnent** * aux joies du jardinage ou **pratiquent** le jardinage.

LE JARDIN ET LES ADJECTIFS

Un jardin, **petit** ou **grand**, est toujours **agréable** s'il est **verdoyant**, très **fleuri** ou **en pleine floraison**, avec une végétation **luxuriante** *, bien **ombragé** et suffisamment **arrosé**.

Un jardin à l'abandon est **livré aux** (ou « est la proie des ») mauvaises herbes, **envahi** par les ronces ou bien **négligé**, **laissé en friche**, **sec**, **désert**.

Un jardin **botanique** (comme le Jardin des plantes à Paris) est **extraordinaire** par l'immense variété de plantes de nos régions et d'autres pays qui y sont réunies (il sert à l'étude scientifique des plantes). Le jardin **zoologique** est un zoo.

Dans un jardin **public**, chacun peut se promener, alors que dans un jardin **privé**, il est interdit d'entrer.

Les jardins environnant les grands châteaux sont **magnifiques** : ils sont régulièrement **entretenus**, **dessinés**, **ratissés**, **sablés** *, **ornés** d'arbres et de fleurs.

Beaucoup de contes merveilleux ont pour cadre des jardins **fabuleux**, **féeriques**, **enchanteurs**, **merveilleux**, **magiques**.

On appelle **jardin japonais** un ensemble de petites plantes grasses disposées dans un pot comme un minuscule jardin avec de tout petits accessoires : des coquillages, des cailloux de diverses couleurs, etc.

LES PARTIES DU JARDIN

Pour marcher dans un jardin, on emprunte des **allées**.

L'été, on peut rester à l'ombre sous la **tonnelle** (voûte couverte de verdure) ou bien s'installer sur le **gazon**, la **pelouse**, sur l'**herbe**.

À l'automne, on marche sur le **tapis de feuilles** tombées des arbres.

Dans les jardins publics ou dans les **jardins d'agrément** * se trouvent des **bassins**, des **pièces d'eau : fontaines**, petites **cascades**, **rocailles** (pierres de formes variées disposées d'une certaine façon), des **bosquets** (groupes d'arbres), des **pelouses**, des **plates-bandes** *, des **massifs**, des **parterres** * de fleurs ainsi que des **bancs** pour s'asseoir.

DIFFÉRENTES SORTES DE JARDINS

Le **square** est un jardin public entouré d'une grille : on peut s'y promener, s'y reposer ; les enfants viennent y jouer.

Le **potager** est un jardin planté de légumes.

Le **verger** est planté d'arbres fruitiers.

La **serre** est une construction vitrée qui abrite certaines plantes du froid, où l'on fait des **semis** *, où l'on entretient des plantes fragiles.

Un **parc** est une vaste étendue de bois ou de prés : certains s'y promènent, d'autres y chassent. Le **parc naturel** (régional) est une région où la flore (l'ensemble des végétaux) et la faune (l'ensemble des animaux) sont protégées (comme le parc national de la Vanoise, par exemple, dans les Alpes).

LE JARDIN

LE JARDIN ET LES MÉTIERS

Le **jardinier** entretient le jardin.

Le **paysagiste** dessine les plans, trace la disposition d'un jardin.

L'**horticulteur** cultive les plantes d'ornement : fleurs et arbres.

Le **pépiniériste** entretient une pépinière, lieu où l'on fait pousser de jeunes végétaux destinés à être replantés ou transplantés.

Attention : l'**agriculteur** s'occupe de la culture de terrains, de terres, de champs et non de jardins.

LE JARDIN ET LES OUTILS

Quels outils doit posséder un bon jardinier ?

Pour creuser, travailler la terre, il faut se munir d'une **bêche** (une **houlette** est une petite bêche), d'une **fourche** ou d'une **pioche** ; pour ratisser la terre, un **râteau** est nécessaire. Pour biner * les allées, on se sert d'une **binette**. Pour planter des oignons de tulipe, par exemple, on utilise un **plantoir** * : on fait un trou, on y place l'oignon qu'on recouvre de terre, puis on arrose le sol avec un **arrosoir** ou un **tuyau d'arrosage**.

Avec des **cisailles**, on taille les haies ; avec un **sécateur**, on coupe les tiges des plantes ; avec une **serpe**, une **faux** *, on fauche les herbes. On monte à l'**échelle** pour cueillir des fruits que l'on récolte dans un **panier**, ou bien on utilise un **cueilloir** (mot rare). On transporte les mauvaises herbes dans une **brouette**.

Le jardinier sème des graines dans un **châssis**, élève et protège les jeunes plants sous des **cloches de verre** ou dans une **serre**.

LE JARDIN

LOCUTIONS ET EXPRESSIONS

Côté cour, côté jardin : on désigne au théâtre par ces mots les côtés de la scène situés à droite (cour) et à gauche (jardin) du point de vue du spectateur.

Il faut cultiver son jardin est une phrase du *Candide* de Voltaire, devenue proverbe, qui veut dire qu'il faut travailler toujours en paix sans se préoccuper d'autres problèmes.

On dit **des meubles de jardin** pour désigner des meubles qui sont toujours utilisés dans le jardin et **des produits du jardin** pour dire que ces produits viennent directement du jardin et n'ont pas été achetés.

LE SAVEZ-VOUS ?

• Les **jardins suspendus de Babylone**, en Mésopotamie (aujourd'hui Irak), étaient dans l'Antiquité une des sept merveilles du monde. (*Voir* LES MONUMENTS.)

• Le **jardin des Hespérides** désigne, par extension, un endroit merveilleux. Dans la mythologie grecque, c'était un lieu gardé par des nymphes, appelées Hespérides, où poussaient des pommes d'or qui assuraient l'immortalité.

• **Saint Fiacre** est le patron des jardiniers. **Priape**, dans la mythologie grecque et latine, est le dieu des jardins, **Flore** est la déesse italique (de l'Italie primitive) des fleurs et des jardins et **Pomone** est la déesse romaine des jardins et des fruits.

Voir aussi LES ARBRES
LES FLEURS
LES FRUITS ET LES LÉGUMES
LES INSECTES

22. LA LECTURE

On peut occuper ses loisirs de différentes façons, et pourquoi pas **en se livrant à la lecture** ? On lit des **livres**, mais aussi des **journaux**, des **revues**, des **illustrés**, des **bandes dessinées**, des **magazines**... Le livre est un objet merveilleux. On le tient dans la main et on en lit le texte, on regarde éventuellement ses images. On est captivé par ce qu'il raconte et on découvre beaucoup de choses que l'on ignorait.

De plus, on peut le regarder, le consulter quand on en a envie, en reprendre la lecture n'importe quand ; on peut revenir en arrière pour revoir certains passages (ce qui n'est pas le cas lorsqu'on est devant la télévision ou dans une salle de cinéma).

LA LECTURE, LES VERBES ET LES NOMS

Le lecteur, la lectrice **aiment lire** ; ils **s'adonnent à** * la lecture ; ils **s'absorbent**, **se plongent dans** un livre. Parfois même, ils en **lisent et relisent** certains passages.

Le soir, les parents – ou les grands-parents – **font la lecture** à leur enfant avant qu'il s'endorme.

Quand un lecteur est passionné par un livre, il l'**ouvre**, le lit **d'un trait** *, **d'un bout à l'autre**, **de A à Z**, le **dévore**,

127

puis il le **finit**, l'**achève** ou **en finit**, **en achève la lecture**.
Une fois le livre **terminé**, il le **referme**.

On place un **signet** *, un **marque-page** ou une autre
marque à la page où l'on arrête sa lecture, ou bien on
corne une page pour repérer l'endroit où l'on s'arrête
momentanément.

Dans une librairie, dans un magasin, on peut **feuilleter**
un livre avant de l'acheter. À la bibliothèque, on va **consulter** un livre sur place ou **compulser** * une encyclopédie,
des dictionnaires.

Un homme pressé **ouvre**, **déplie**, **déploie** son journal,
le **parcourt**, le **lit en diagonale** (globalement), le **survole**,
regarde les gros titres, puis **s'arrête** sur un article, le **lit
en profondeur, de long en large**, avant de **refermer**, **replier**
son journal.

À l'Assemblée nationale (la Chambre des députés, en
France), le président **donne lecture** d'un projet de loi (il
le lit devant l'assemblée des députés).

LA LECTURE ET LES ADJECTIFS

Des livres que l'on regarde souvent finissent par être
abîmés, **déchirés**, **écornés** * ; ceux qu'on manipule peu
deviennent **poussiéreux** sur les étagères.

Les livres d'aventures sont **passionnants**, **captivants**,
intéressants et souvent très **instructifs** *. La lecture en est
attachante, **absorbante**, **passionnée**. Ils peuvent être **illustrés** de dessins, de photos, en noir et blanc ou en couleurs.

Certains livres peuvent sembler **ennuyeux**, **fastidieux** *, **monotones**, voire **horripilants** *.

Un conte de fées comme *Cendrillon* est **merveilleux**,
charmant, **féerique**.

La lecture d'une bande dessinée est **récréative**, souvent
amusante, **relaxante**.

Il existe des livres **classiques**, des **ouvrages de référence**, comme le dictionnaire, l'atlas, mais aussi des livres
de cuisine, des livres **scolaires**, **indispensables**, qui servent

à étudier aussi bien en classe qu'à la maison, des livres **techniques**, des guides **géographiques**, des romans **historiques**, des traités **scientifiques**...

Voici différentes sortes de lectures : la lecture **silencieuse**, **mentale** *, la lecture **à voix basse**, la lecture **à voix haute**, la lecture **globale** *. D'un ouvrage intéressant, on peut faire une lecture **approfondie**.

Un livre paru il y a très longtemps est un livre **rare**, **précieux**. La Bible et le Coran sont des livres **sacrés**, **religieux**.

DIFFÉRENTES SORTES DE LIVRES

Voici différentes sortes de livres : le **roman** (qui fait un récit, raconte une histoire de fiction), la **nouvelle** (petite histoire), le **recueil** (de contes, de nouvelles, de poésie), le **conte**... Le jeune enfant feuillette un **livre d'images** ou un **abécédaire** qui présente les lettres de l'alphabet accompagnées d'images.

On lit des **albums**, des **bandes dessinées**, des **livres d'aventures**, d'**espionnage**, de **science-fiction** *... Dans un **roman policier**, un **polar** *(fam.)*, une énigme, un mystère doivent être élucidés ; il y a eu généralement un crime et on assiste à une enquête.

On regarde les planches d'une **encyclopédie**, d'un **atlas**. On cherche un mot dans un **dictionnaire**, un renseignement dans un **guide**, un **traité** *. On apprend grâce au **manuel scolaire**. On feuillette et lit un **recueil de poésie**, une **anthologie** (recueil des meilleurs passages d'un ou de plusieurs auteurs). On révise des points essentiels dans un **mémento** *, un **abrégé** *, un **aide-mémoire**.

Dans un **guide**, on trouve souvent des informations touristiques : pays, gastronomie...

Une **bible**, un **missel** sont des livres religieux.

Un livre qui obtient un grand succès auprès du public est un **best-seller**.

On peut également lire **la presse** : articles, comptes rendus, informations, chroniques, dans des **revues**, **journaux**, **magazines** de toutes sortes, destinés à tous les âges.

LA COMPOSITION D'UN LIVRE

L'**écrivain** écrit, rédige un livre, un ouvrage ; il devient l'**auteur** de ce livre, de cet ouvrage.

Voici les différentes parties qui composent un livre :

Il peut y avoir, tout d'abord, un **avant-propos** (l'auteur explique ce qu'il a voulu faire en écrivant ce livre), ou un **avertissement** (l'auteur prévient le lecteur que son livre est fait de telle et telle façon), ou une **préface** (parfois une autre personne que l'auteur en écrit le texte pour présenter le livre au public, mais ce peut être aussi l'auteur qui écrit lui-même la préface de son livre).

Un roman, généralement, raconte une histoire : le livre peut commencer par une **introduction**, un **prologue** *, puis il se divise en plusieurs **chapitres** (chacun d'eux peut porter un titre). Les chapitres sont composés de **textes**, généralement de nombreux **paragraphes** qui s'étendent sur plusieurs **pages**. Chaque chapitre peut être (ou non) illustré de **dessins** ou de **photos**. Puis vient le **dernier chapitre** : c'est la **conclusion**, l'**épilogue** *.

À la fin de certains ouvrages se trouvent une **table des matières** ou un **index**. Le **sommaire** se trouve plus souvent au début d'un ouvrage et, comme la table des matières, cite tous les titres ou chapitres que l'on trouve dans le livre en donnant la **référence**, le **renvoi** aux pages.

Un ouvrage peut comporter plusieurs **volumes** ou **livres** ou **tomes**.

Une **collection** est un ensemble de plusieurs livres ayant le même format, la même présentation, traitant d'un même genre ou d'un même thème.

LA LECTURE

LES LIVRES ET LES MÉTIERS

L'**éditeur** publie le livre : c'est lui qui engage, paie l'auteur et s'occupe de faire fabriquer le livre, à partir du manuscrit que remet l'auteur. Ensuite, il fait distribuer, diffuser le livre dans les centres de vente, chez les libraires.

Le **relieur** est chargé de la reliure d'un livre.

L'**imprimeur** imprime les pages du livre.

Le ou la **libraire** vend les livres au public.

Le ou la **bibliothécaire** prête des livres. On emprunte des livres à la bibliothèque.

Le ou la **bouquiniste** vend ou revend des livres anciens, rares, mais aussi toutes sortes d'ouvrages courants, d'occasion (qui ont déjà été lus), livres, journaux, ou revues.

LE SAVEZ-VOUS ?

• Un **coupe-papier** sert à séparer en les coupant les pages d'un livre neuf.

• En France, le **prix Goncourt**, le **prix Renaudot**, le **prix Médicis**, le **prix des Libraires**, etc., récompensent chaque année des ouvrages écrits en langue française.

• À l'étranger, le **prix Nobel de littérature** récompense un écrivain remarquable, quelle que soit sa nationalité, pour la qualité et l'ensemble de son œuvre.

• Un **e-book** est un livre électronique, c'est-à-dire une sorte de micro-ordinateur, de la taille d'un livre, où l'on peut télécharger et consulter des textes et des images.

23. LES LOISIRS ET LES JEUX

Que faire aujourd'hui ? Lorsque l'on ne travaille pas, on dispose de **temps libre**, de **loisir** ; pour les salariés, de **RTT** * (ou de **jours RTT**).

Ce sont des **moments de répit, de détente, de liberté**, comme la récréation. En congé, en vacances, pendant les week-ends, les fêtes, les **jours fériés** *, on peut faire ce que l'on aime. On passe ses journées en **divertissements**, **distractions**, **amusements**.

LES LOISIRS

LES LOISIRS ET LES VERBES

On apprécie d'**avoir du temps libre** et de **jouir** ainsi de loisirs ! Souvent, on **emploie, occupe, consacre** ses loisirs (ou son temps de loisir) à **faire** du vélo, **collectionner** des timbres, **se promener, passer une vidéo, surfer** sur Internet, **faire de la peinture**... On peut dire alors que l'on **profite** pleinement de ses loisirs : ainsi, on **se repose, se détend, se relaxe** : on **souffle** *(fam.)* un peu. Les loisirs permettent de **se délasser, s'amuser, se distraire, se divertir**.

PLUSIEURS SORTES DE LOISIRS

Voici comment occuper nos loisirs : on peut lire des romans, des BD (bandes dessinées), des revues..., **écouter** de la musique, la radio, **se promener** en forêt, **voyager**, **aller au cinéma** ou **au théâtre**, **regarder** la télévision, **pratiquer un sport** (comme **surfer** sur une **planche à voile** ou **glisser** avec des **patins à glace**).

Si l'on possède des dons particuliers, on peut **faire de la sculpture** (ou **de la musique**, **de la peinture**, **de la danse**...). On peut aussi **se livrer à la photographie**.

Pendant que l'on **joue aux cartes**, au **Scrabble** *, que l'on fait une partie de **dames** ou d'**échecs**, une **bataille** *, un **rami** *, des **mots croisés**, que l'on pratique le **war-game**, on ne voit pas le temps passer.

Voici des loisirs de plein air : la **pêche**, la **chasse**, les **sports**, le **jardinage**...

Voici des **passe-temps** pour ceux qui aiment rester chez eux : la **broderie**, le **tricot**, le **bricolage**, la **couture**, la **cuisine**...

LES LIEUX DE LOISIRS

On se rend dans une **salle de cinéma**, dans un **théâtre**, sous un **chapiteau** de cirque, au **cabaret**, au **music-hall**, dans une **maison de la culture**, dans un **palais** (des sports, des congrès), un **stade** quelquefois, pour assister à un spectacle. On visite un **musée**, un **château**, une **galerie de peinture**... On fait du sport sur un **terrain de sport** ou dans un **stade**, un **gymnase** *, une **piscine**, une **patinoire** ou dans **la rue**, dans **la forêt**, au bord de **la mer**.

La photographie se pratique n'importe où.

Si l'on reste chez soi, on regarde la télévision dans une **pièce** (chambre, salon ou salle de séjour), on joue dans une **salle de jeux** ou une **chambre** ou sur un **terrain**, une **aire de jeux**, **dans un jardin**, **en plein air**. Enfin, si l'on dispose d'un **atelier**, on y peint, sculpte ou dessine.

LES JEUX

LE JEU ET LES VERBES

Pour **se distraire**, on **se livre, s'adonne à** * un jeu. Certains **pratiquent** un jeu depuis longtemps, ils en connaissent toutes les ficelles ; d'autres le **découvrent**.

Quel que soit le jeu, pour bien **jouer**, il est indispensable d'en **connaître** les règles. On **joue**, on **fait une partie** avec un ou plusieurs adversaires. On **mène le jeu** *, on **gagne** ou bien on **perd** une partie à un jeu. On **cesse, arrête, suspend** le jeu à un moment donné. On arrête la partie. On la **reprend** ensuite.

Un joueur peut **duper** *, **tromper** son adversaire quand cela fait partie de la règle du jeu, sinon il s'agit d'un joueur malhonnête qui **triche**.

On peut jouer avec des **équipiers**, des **partenaires**, à deux, par équipes ou seul.

LE JEU ET LES ADJECTIFS

La boxe est un jeu **dangereux, brutal** ; la chasse, un jeu **cruel** ; le Monopoly, un jeu **animé**, parfois **bruyant** ; les jeux de mots sont généralement **ingénieux** *, **subtils** *, **enrichissants**. Il existe aussi des jeux **éducatifs**, comme les logiciels **ludo-éducatifs**, par exemple.

PRINCIPAUX JEUX ET JOUETS D'ENFANTS

On peut s'amuser avec un objet simple : **toupie, corde, tambour, trompette**... Les enfants s'amusent avec des personnages en miniature : **poupées, animaux en peluche, petits soldats** ou des objets en miniature : **autos, avions**...

Dans une cour de récréation, on organise un jeu de

cache-cache ou des **quatre coins** ou de **colin-maillard** ou de **saute-mouton** ou de **marelle**...

Dans l'air, on laisse voler un **cerf-volant** ; à la main on fait monter et descendre un **yo-yo**.

Les enfants aiment faire une partie de **billes**. Tous se rassemblent et jouent **à la balle** (au mur, au bond...). On peut se laisser bercer sur un **cheval à bascule**, rouler sur des **patins à roulettes**, des **rollers** *, une **planche à roulettes**, une **patinette**.

Dans les jardins publics, on peut s'amuser sur des **manèges**, on glisse sur des **toboggans** ou on se balance sur une **balançoire**.

On peut jouer aussi en se livrant au travail manuel : **coloriage, modelage** *, **découpage, couture, tricot, bricolage**...

Les **puzzles**, les **Meccano**, les **cubes**, les **mosaïques** sont des jeux d'assemblage et de patience.

Enfin tous les **jeux électroniques** *, les **jeux vidéo** * sur les consoles des ordinateurs permettent d'occuper le temps en s'amusant.

D'AUTRES JEUX

Voici deux grandes sortes de jeux pratiqués par les adultes ou par les enfants :

Les jeux de société (et de salon)

Parmi les jeux « intellectuels » se trouvent les **mots croisés**, le **Scrabble** *, les **Chiffres et les lettres**, la **dictée**. La **charade** *, les **énigmes**, le **rébus** *, la **devinette** sont des jeux d'esprit. Parmi les jeux où l'on doit réfléchir et calculer, on trouve le **jeu d'échecs**, le **jeu de dames**, le **bridge**, les **tarots**, le **poker**, la **belote**. Le jeu de la **roulette**, le jeu de **dominos**, le jeu de **loto** sont des jeux de hasard.

Il existe également le **nain jaune**, le jeu de **billard** (jeu d'adresse), le **mah-jong** *... qui sont des jeux de société.

Les jeux de plein air

Volant, **badminton**, **tennis**, **football**, **rugby**, etc., sont des jeux de plein air.

LE SAVEZ-VOUS ?

• Pour désigner un **passe-temps**, on dit aussi un **violon d'Ingres** ou un **hobby**.

• Ce qui est **ludique** se rapporte au jeu. Une méthode **ludo-éducative** apprend en utilisant le jeu. Une **ludothèque** est un endroit où l'on peut emprunter des jouets et des jeux.

• Dans l'Antiquité, les **jeux Olympiques** se déroulaient en Grèce (près de la ville d'Olympie) et récompensaient les meilleurs athlètes. Aujourd'hui, les jeux Olympiques se déroulent, tous les quatre ans, dans une grande ville d'un pays chaque fois différent. Les athlètes du monde entier viennent y représenter leur pays, se confrontent et remportent des **médailles d'or**, **d'argent** ou **de bronze** selon qu'ils obtiennent la première, la deuxième ou la troisième place au classement général.

Voir aussi LES CHANSONS ET LES CHANTS
LE CINÉMA
LA RADIO ET LA TÉLÉVISION

24. LES MAISONS ET LES HABITATIONS

Une **maison** se compose des **fondations** *, des **murs** et d'un **toit**. Souvent entourée d'une **cour** ou d'un **jardin**, elle possède une **façade** avec des **gouttières** extérieures, et, sur le **toit**, on peut voir une **cheminée**, une **antenne de TV**, parfois une **parabole**, un **paratonnerre**.

La partie en sous-sol se compose d'une **cave** et parfois d'un **garage**. Le **rez-de-chaussée** est la partie située au niveau du sol, ensuite il y a un **premier étage** et, en haut, sous la charpente du toit, se trouvent les **combles**, le **grenier**.

À l'intérieur, se trouvent généralement une **cuisine**, une **salle de bains** ou **salle d'eau**, des **toilettes**, une **salle à manger**, des **chambres**, un **bureau**...

La **résidence principale** est la maison que l'on habite, où l'on vit la plupart du temps.

Ceux qui possèdent une **résidence secondaire** s'y rendent généralement pendant les week-ends ou les vacances.

LA MAISON ET LES VERBES

D'abord, il faut **posséder** un terrain. Ensuite, on **demande** la permission de **construire** sur ce terrain. Si on **obtient le permis de construire** de la mairie, on peut **commencer** la construction d'une maison, d'une habitation.

L'architecte **dresse** les plans d'une maison. Les ouvriers, les maçons en **creusent** les fondations *, puis **bâtissent, construisent, édifient** * la maison sur le terrain.

La maison neuve **s'élève, se dresse** sur cet emplacement.

Avec le temps, il arrive qu'une maison **branle, se lézarde, se fissure, se crevasse** * et finisse par **crouler, s'effondrer** à moins qu'elle n'ait été **rasée** * ou **démolie**.

Le propriétaire **habite, réside** et vit dans sa maison. S'il travaille au-dehors, il la **quitte** le matin et la **regagne** ou la **réintègre** le soir venu. Il **rentre** alors à la maison, à son domicile, chez lui. On dit qu'il **rejoint** sa demeure, son domicile, sa résidence.

LA MAISON ET LES ADJECTIFS

Quand on rêve de la maison **idéale**, on souhaite qu'elle soit **bien située ; belle, bien entretenue, fleurie ; avenante, accueillante, pimpante** * ; **confortable, spacieuse** *, **cossue** * ; **calme, tranquille, paisible, saine, salubre** *.

Mais ce n'est pas toujours le cas en réalité : il arrive qu'une maison soit **mal située ; laide ; mal entretenue ; abandonnée** ou **laissée à l'abandon ; ancienne, antique, vétuste** *, **vieille** ou **vieillotte ; fissurée, lézardée, branlante, croulante, délabrée ; malsaine** *, **insalubre** *.

Enfin, une maison peut être **isolée, éloignée** d'une ville ou bien **voisine, proche** d'une autre maison.

DIFFÉRENTS TYPES D'HABITATIONS

À la ville, on habite, généralement, un **appartement** dans un **immeuble**, une **résidence**, une **tour**, un **building**.

En banlieue, on habite dans un **grand ensemble** ou un **pavillon**.

Plusieurs **maisons individuelles** ou plusieurs immeubles regroupés forment une **cité**, un **îlot**, un **bloc** ou un **pâté de maisons** *.

À la campagne, on vit dans des **fermes**, des **mas** * (en Provence) ou des **bastides** * (dans le Sud), des **chaumières**...

À la montagne, on loge dans des **chalets**.

Dans certains pays, les habitants peuvent vivre dans des **cases** (comme, par exemple, les Réunionnais, les peuples africains...) ou des **igloos** (comme les Esquimaux).

Les hommes primitifs, quant à eux, vivaient dans des **grottes**, des **cavernes**, des **huttes**.

Un riche propriétaire peut posséder une **résidence**, une **villa**, un **château**, un **manoir** *, un **palais**, un **hôtel particulier**.

Les plus pauvres logent dans des **baraques**, des **baraquements**, des **bidonvilles** *, des **cabanes**, des **taudis** *, des **masures** *.

LA PROPRIÉTÉ

Lorsqu'on achète une maison, on en devient le **propriétaire**. Si deux ou plusieurs personnes possèdent ensemble une maison, ils en sont les **copropriétaires**.

Lorsqu'on possède une maison, on peut l'habiter soi-même ou bien la louer à un **locataire**. Le **locataire** doit **payer un loyer** (verser une certaine somme d'argent) chaque mois au propriétaire, pour avoir le droit d'habiter cette maison.

Un **colocataire** vit avec un autre locataire dans l'endroit loué.

Quand on a une maison et qu'on ne veut plus l'habiter, on la **revend**. On peut le faire soi-même ou bien demander à une **agence immobilière** de se charger de trouver un **acheteur** et de la vendre pour notre compte.

LOCUTIONS ET EXPRESSIONS

Bâtir des châteaux en Espagne veut dire avoir de grands rêves, faire de grands projets.

C'est la maison du bon Dieu signifie que c'est une maison accueillante, ouverte à tous.

C'est gros comme une maison veut dire que quelque chose est évident.

Regagner ses pénates, c'est retourner à son domicile.

LE SAVEZ-VOUS ?

• Une **maisonnette** est une petite maison.

• Une **maisonnée** est l'ensemble des gens qui vivent dans une maison.

• Une **maison mitoyenne** est une maison ayant un mur en commun avec une autre maison.

• Une **HLM** est une Habitation à Loyer Modéré, servant à loger des personnes qui ont de faibles revenus.

• À New York, à Chicago, il y a des **gratte-ciel** (très hauts immeubles, ou buildings). Le plus haut immeuble de Chicago s'appelle le **Sears Towers** et mesure 442 mètres de haut. À New York, actuellement, le plus haut immeuble est l'**Empire State Building** avec 381 mètres (449 mètres avec sa flèche).

25. LA MER

Ceux qui n'habitent pas **au bord de la mer** peuvent s'y rendre pendant les vacances, pour s'y détendre, s'y baigner. Sur la **plage**, il y a du **sable**, des **galets**, des **cailloux** parfois, ainsi que des **rochers** couverts de **varech** *. Le long de la plage, il y a des **digues** et des **jetées**. Sur la mer, on voit des **vagues**. On peut se baigner quand le drapeau est vert sur la plage, en respectant les **balises** pour ne pas être emporté par le **courant**. Des plongeurs explorent les **fonds sous-marins**.

Des bateaux s'éloignent de la **côte** et partent en mer. La nuit, les **phares** guident les bateaux pour les empêcher de se fracasser sur les rochers.

———————————————

LA MER ET LES VERBES

La plupart des mers suivent le rythme des marées : à marée montante, elles **montent** ; à marée descendante, elles **baissent, descendent, se retirent**.

Les vagues **agitent** la mer : on dit que la mer **se ride, se creuse, se gonfle, se lève** ; elle **écume** *, **moutonne** *, **blanchit, bouillonne**, puis **déferle** *, **bat** (les côtes), **se déchaîne, se démonte** ; enfin, elle **mollit, retombe, s'apaise**.

Pendant une tempête, la mer peut **rejeter, faire ressur-**

gir une épave (celle-ci **apparaît**, puis **disparaît** ou **échoue**
sur la grève).

Les marins, les navigateurs **prennent la mer**, **vont en
mer**, **traversent les mers**. Le nageur **plonge**, **nage**. On peut
se noyer dans la mer, si l'on ne sait pas nager.

> *Voir aussi* LES BATEAUX

Les bruits de la mer

La mer **roule ses galets**, **clapote** *, **bouillonne**, **mugit** *.

> *Voir aussi* LES BRUITS ET LES CRIS

LA MER ET LES ADJECTIFS

Voici différents états de la mer :

Une mer peut être **calme**, **plate**, **peu agitée** – ou tout
au contraire **furieuse**, **forte**, **grosse**, **énorme**, **très agitée**,
houleuse *, **écumante** *, **démontée** *, **déchaînée**, **tumultueuse**.

La mer est **montante** lorsqu'elle se rapproche du rivage
(c'est le flot, ou flux), et **descendante** lorsqu'elle s'éloigne du rivage (c'est le jusant, ou reflux). Entre la **marée
haute** et la **marée basse**, la mer **étale** présente un état
stationnaire : elle ne monte plus et ne commence pas
encore à descendre.

Les eaux de la mer sont **froides**, **glaciales** ou bien **tièdes**, **chaudes** ; **vaseuses** *, **troubles** ou **claires**, **limpides**.

> *Voir aussi* L'EAU
> LES FLEUVES ET LES COURS D'EAU

LA MER, LA FAUNE ET LA FLORE

Les **anémones de mer**, les **madrépores** *, le **corail** *, les **mollusques**, les **étoiles de mer**, les **éponges**, les **oursins**, les **méduses** *, les **coquillages**, les **poissons** font partie de la faune marine, ainsi que le **goéland**, l'**albatros**, la **mouette**.

Les **algues**, le **fucus** *, le **varech** *, le **goémon** *, la **sargasse** * font partie de la flore marine.

> *Voir aussi* L'OISEAU
> LES POISSONS

LA MER ET SES ACTIVITÉS

La mer donne lieu à diverses activités : la **pêche** des poissons et des coquillages (les pêcheurs de perles, quant à eux, sont à la recherche de perles fines), la **chasse** aux mammifères * marins.

Sur la plage, on **ramasse** des galets, des coquillages, on **fait des pâtés** de sable, on **joue**, on **va à la pêche**, on **surfe** sur les vagues ou l'on **se baigne**.

La mer est aussi utilisée comme **source d'énergie** : on peut y installer des **plates-formes de forage** pour exploiter le fond de la mer quand celui-ci contient du pétrole ; sur le bord des côtes, des **usines marémotrices** * assurent la production d'**électricité**.

La mer est aussi un lieu où l'on pratique de nombreux **sports** : par exemple, la **navigation** (à voile, à rames, à moteur...). On fait, en solitaire ou en équipage, des **courses**, des **régates** *, des **traversées**. La **planche à voile**, le **surf**, le **ski nautique**, la **plongée sous-marine**, le **scooter des mers**, ainsi que les différents genres de **natation** font partie des sports marins.

LA MER ET SES MOUVEMENTS

Les **vagues** sont des rides mouvantes – plus ou moins grosses – qui se produisent à la surface de l'eau et qui sont dues, généralement, à l'action du vent.

La partie supérieure de la vague, frangée d'écume, s'appelle une **crête**.

Lorsque la mer est agitée, il se forme des flocons d'**écume** blanche sur les vagues qu'on appelle alors des **moutons**.

Souvent, le vent projette comme une poussière d'eau de mer, provenant de la crête des vagues : ce sont des **embruns**.

Une **lame** est une très grosse vague et une **lame de fond** *, qui vient des fonds sous-marins, est comme un mur d'eau qui se soulève et s'abat très dangereusement. Le **paquet de mer** est une grosse lame venant s'abattre sur une digue ou sur le pont d'un navire.

La **marée** est un mouvement régulier et périodique que fait la mer en se rapprochant ou en s'éloignant du rivage.

La **marée montante**, qu'on appelle aussi **flot** ou **flux**, correspond au mouvement que fait la mer lorsqu'elle se rapproche du rivage.

La **marée descendante**, qu'on appelle aussi **reflux** ou **jusant**, est le mouvement que fait la mer lorsqu'elle s'éloigne du rivage.

Le **raz de marée** est un soulèvement violent qui porte soudainement les vagues à une grande hauteur et les jette, avec violence, sur la côte.

Il arrive souvent que le **vent** se lève sur la mer. On assiste à un **coup de mer**, une forte et très courte tempête ; l'**ouragan** est une tempête violente causée par des vents opposés et formant des tourbillons.

Voir aussi LES SAISONS ET LE TEMPS (CLIMAT)

LOCUTIONS ET EXPRESSIONS

Ce n'est pas la mer à boire veut dire que quelque chose n'est pas si difficile à faire.

Lutter contre vents et marées, c'est employer toutes ses forces pour lutter.

Avoir le pied marin, c'est savoir évoluer sur un bateau malgré le tangage et c'est aussi ne pas craindre le mal de mer.

« Un homme à la mer ! » crie-t-on quand quelqu'un est tombé d'un bateau dans la mer.

Un marin chevronné, qui connaît bien la mer, est un **(vieux) loup de mer**.

Une **mer d'huile** est une mer très calme.

En pleine mer signifie loin des côtes.

LE SAVEZ-VOUS ?

• À Trafalgar, Napoléon perdit une **bataille navale** contre l'Anglais Nelson, bataille livrée sur mer entre des navires ennemis.

• La **marée noire** est le nom donné aux nappes de pétrole qui s'étendent près d'une côte lorsqu'un pétrolier a eu un accident ou a vidé ses soutes contenant du pétrole.

En Bretagne ont eu lieu deux marées noires dues au naufrage de pétroliers : en 1978, l'*Amoco-Cadiz* et, en 1999, l'*Erika*. Fin 2002, le *Prestige* a provoqué une marée noire sur les côtes de la Galice, en Espagne, et celles de l'ouest de la France.

• La **Mer de Glace** * se trouve à Chamonix, la **mer de sable** * à Ermenonville dans l'Oise.

• La **mer Méditerranée**, mer intérieure (2 500 000 km^2), baigne une partie des côtes sud de l'Europe, le nord des côtes du Maghreb, une partie des côtes du Proche-Orient.

• **Voici les principaux océans de la Terre :**

L'**océan Atlantique** (106 000 000 km^2) sépare l'Europe et l'Afrique des Amériques du Nord et du Sud.

L'**océan Pacifique** (180 000 000 km^2) sépare l'Amérique, l'Asie et l'Australie.

L'**océan Indien** (75 000 000 km^2) est situé entre l'Asie, l'Afrique et l'Australie.

26. LES MÉTIERS ET LE TRAVAIL

Le **chauffeur** conduit le bus. L'**informaticien** tape sur le clavier de son ordinateur. La **secrétaire** répond au téléphone. Le **médecin** ausculte le malade. L'**agriculteur** cultive le blé. Le **commerçant** vend des marchandises. Le **professeur** enseigne l'histoire et la géographie. Le **comédien** joue une pièce de théâtre. Le **mécanicien** révise l'automobile.

Chacune de ces personnes **travaille** ; elle **exerce** un **métier**, une **profession**, une **fonction**.

LES MÉTIERS ET LES VERBES

Quand on a **choisi** un métier, on commence par l'**apprendre** dans une école, puis en suivant des stages : on **fait son apprentissage**. Ensuite, on **débute** dans une profession, puis on **exerce** ce métier pendant plusieurs mois. Au fil des années, on **acquiert de l'expérience, du savoir-faire**. Ensuite, on peut dire que l'on **connaît** bien son métier, que l'on **possède son métier**, qu'on l'**a bien en main**.

Quand une personne exerce un métier depuis longtemps, elle **fait partie**, elle **est du métier** *(fam.)*.

Enfin, il arrive que l'on **abandonne** son métier pour

un autre : alors on **change** de métier, on **se reconvertit** *, on **se réoriente** professionnellement.

LES MÉTIERS ET LES ADJECTIFS

Il existe des métiers **plaisants**, **agréables**, **intéressants** ou **passionnants**.

Il existe aussi des métiers **pénibles**, **durs**, **difficiles**, **ingrats** *, **éprouvants**, **épuisants**.

Acrobate, cascadeur sont des métiers **dangereux**. On dit souvent qu'infirmière et médecin sont de **beaux** métiers.

Un métier **saisonnier** ne se fait que le temps d'une saison : c'est le cas des vendangeurs qui ne travaillent qu'à l'automne.

Un travail **intérimaire** ne se fait que pendant une période donnée : 3, 4, 6, 9 mois... ; c'est le cas d'une secrétaire intérimaire, par exemple.

DIFFÉRENTES SORTES DE MÉTIERS

Il existe des métiers très nombreux et très variés. On divise généralement les métiers en deux catégories : les **métiers manuels** et les **métiers intellectuels**.

Voici des **métiers manuels** : cordonnier, couturière, électricienne, jardinier, maçon, menuisier, plâtrier, serrurier...

Voici des **métiers intellectuels** : professeur, journaliste, écrivain...

Voici maintenant de **vieux métiers** (des métiers oubliés) ; certains ont disparu, d'autres sont devenus rares : porteur d'eau, **maréchal-ferrant** *, dentellière, **ramoneur** *, **cocher** *, charbonnier, **raccommodeur** * de porcelaine, **rémouleur** *, **rempailleur** * (de chaises), **cardeur** *...

LES LIEUX DE TRAVAIL

Les endroits où l'on travaille varient selon les métiers : ainsi, le (la) secrétaire travaille dans un **bureau**, le docteur (médecin), le (la) notaire, l'avocat(e) ont un **cabinet**. Le (la) pharmacien(ne) tient une **officine**. Le vendeur, la vendeuse travaillent dans un **magasin**, le (la) commerçant(e) dans une **boutique**. Les ouvriers, les ouvrières travaillent à l'intérieur, dans un **atelier**, une **manufacture** *, une **usine**, ou à l'extérieur, sur un **chantier**.

LES MÉTIERS, LE TRAVAIL, L'ARGENT

Celui qui travaille **gagne de l'argent** : il **reçoit, touche une paie, perçoit un salaire, un traitement** *, **des appointements** *, **des émoluments** *, des **honoraires** * parfois.

Un salarié peut avoir un **CDD** (« **être en CDD** »), Contrat à Durée Déterminée, ou un **CDI** (« **être en CDI** »), Contrat à Durée Indéterminée, selon qu'il travaille quelques mois (CDD) ou tout le temps (CDI) dans l'entreprise avec laquelle il a signé son contrat.

Les **congés payés** représentent une somme d'argent versée comme salaire pour le mois où l'on ne travaille pas (les vacances).

La **RTT** * est une Réduction du Temps de Travail qui permet à un salarié d'avoir plus de jours de congé tout au long de l'année.

AU TRAVAIL

Pour **gagner sa vie**, une personne doit travailler : pour cela, lorsqu'elle a un métier, elle **cherche du travail**, un **emploi**, une **place** dans une **entreprise**. Si un **patron**, un **employeur** a besoin de ce type de personne, elle passe un entretien et si elle est retenue, il l'**embauche**, c'est-à-dire qu'il l'admet à travailler dans son entreprise. Cette personne devient **employée**. Elle est **salariée** car elle **touche, reçoit, perçoit** un **salaire** chaque mois.

Si un employeur est content de son employé, il le **garde à son service**, lui donne une **prime**, augmente son salaire, le fait passer à un **grade** supérieur, lui permet de faire une **carrière**. S'il en est mécontent ou n'a plus besoin de lui, il le **licencie**, lui **donne congé**, le **renvoie**, le **débauche**. L'employé ainsi renvoyé **se retrouve** alors **au chômage** * : il devient **chômeur (chômeuse** au féminin), **demandeur (demandeuse) d'emploi**.

Il peut arriver aussi qu'un employé **démissionne** ou **donne sa démission** (il renonce à son emploi) ou bien qu'il **parte en retraite** ou en **préretraite** * ou **prenne sa retraite** (il s'en va après avoir travaillé de nombreuses années).

LE SAVEZ-VOUS ?

• Le proverbe « Il n'y a pas de sot métier, il n'y a que de sottes gens » signifie que tous les métiers – du plus humble au plus important – doivent être respectés.

• L'**expression** « travail à la chaîne » désigne un travail où l'on exécute toujours la même tâche : par exemple, on serre les mêmes écrous, on ajuste la même pièce sur chaque voiture en cours de fabrication qui passe devant soi.

• **Un travail d'Hercule** est un travail très dur, très difficile à accomplir physiquement.

Les douze travaux d'Hercule, dans l'Antiquité, consistèrent à : tuer le lion de Némée ; tuer l'hydre de Lerne ; s'emparer de la biche de Cérynie ; capturer le sanglier d'Érymanthe ; abattre les oiseaux du lac Stymphale ; nettoyer les écuries d'Augias ; capturer le taureau crétois de Minos ; tuer Diomède ; enlever les troupeaux de Géryon ; enchaîner Cerbère ; s'emparer de la ceinture de l'Amazone Hippolyte ; cueillir les pommes d'or du jardin des Hespérides.

27. LA MONTAGNE

La **montagne** est très haute, elle possède un **sommet**, deux **versants**, l'**adret** * et l'**ubac** *. Au bas, on trouve les **vallons** et la **vallée**. Le **pied** de la montagne est sa base.

On peut se promener, randonner dans la montagne. On peut grimper de plus en plus haut et essayer d'atteindre, si l'on est un excellent alpiniste, les très hauts sommets, les **pics**, puis on redescend par un autre versant. En haut d'une très haute montagne se trouvent les **neiges éternelles** (comme sur certains sommets des Alpes), des **glaciers**, des **névés** *, des **crevasses** *. Pendant l'été, les vaches, les moutons vont dans les **alpages**.

LA MONTAGNE, LES VERBES ET LES NOMS

Comme une montagne est belle quand elle **s'élève**, **se dresse**, **se profile** à l'horizon et **couronne**, **surplombe** *, **domine** le paysage !

Il est agréable d'aller **excursionner**, **randonner** en montagne : on **quitte** la vallée et on **grimpe**, on **gravit**, on **escalade** la montagne. On **atteint** le sommet, la cime.

Les cyclistes **montent**, **franchissent** les **cols** *. Les alpinistes tenaces **vainquent** les sommets des hautes montagnes. Pour **accéder** au sommet, **atteindre** le sommet, on peut **monter** en voiture, par la route. Ensuite, on **redes-**

cend, **amorce** * la redescente. Des imprudents **dévalent** la pente.

Le massif du Mont-Blanc **culmine** à 4 810 mètres (son plus haut sommet, le mont Blanc, est le point culminant).

Dans la montagne **coulent** des torrents, **jaillissent** des cascades ; quelquefois, des pierres **tombent** ou une **avalanche** * **a lieu**, **se produit** : la montagne est dangereuse. Des gens imprudents **s'y aventurent** et parfois **s'y perdent** ou **sont ensevelis** sous une avalanche.

Les troupeaux de moutons **transhument** (ils quittent la vallée et vont paître l'alpage en été ; à l'automne ils redescendent dans la vallée) ; ces deux déplacements s'appellent la **transhumance** *.

LA MONTAGNE ET LES ADJECTIFS

Une montagne **élevée** est **accessible**, ou au contraire **inaccessible** : ses versants peuvent être en pente **raide** ou en pente **douce**, **abrupts** * ou **escarpés** *.

Une **très haute** montagne est **vertigineuse, dominante**. Elle peut être **boisée** (de forêts de sapins...) ou **nue**, ou porter des neiges **éternelles** comme le mont Blanc dans les Alpes.

Un massif **montagneux** est particulièrement dangereux ; attention de ne pas glisser sur son sol **accidenté** *.

En hiver, quand il y a trop de neige, les sommets sont **enneigés, neigeux** ; les cols sont alors **fermés** ; la montagne devient **infranchissable**.

Dans les villages, les habitants sont **bloqués** par la neige. Les routes deviennent **impraticables** : ils attendent que le chasse-neige vienne dégager la voie.

LES ANIMAUX ET LA VÉGÉTATION DE MONTAGNE

Voici quelques **animaux** que l'on peut trouver dans nos montagnes : le **bouquetin** *, le **chamois** * (Alpes), l'**isard** * (Pyrénées), la **marmotte**, le mouflon, le mulet, l'ours (Pyrénées), la truite, etc.

Voici des **fleurs** et des **arbres** courants en montagne : la **gentiane** *, l'**edelweiss** *, les forêts d'**épicéas** *, de **mélèzes** *, de sapins. On trouve aussi des baies sauvages, des mûres, des **myrtilles** *, etc.

> *Voir aussi* LES ANIMAUX
> LES ARBRES
> LES FLEURS
> LA FORÊT

LOCUTIONS ET EXPRESSIONS

Aller par monts et par vaux, c'est aller de tous côtés.

Se faire une montagne de quelque chose, c'est en exagérer l'importance. *Ex.* : « Il se fait une montagne de cet examen pourtant facile ! »

LA MONTAGNE SOUS TOUTES SES FORMES

Un **mont** est une élévation naturelle d'un terrain ayant une certaine altitude.

La **colline** est une hauteur, une élévation de terrain de forme arrondie.

La **butte** est une petite colline.

La **chaîne de montagnes** est une longue suite de monts (comme la **chaîne des Alpes**, la **chaîne des Pyrénées**).

La **sierra** est aussi une chaîne de montagnes ; ce mot est surtout employé dans les pays de langue espagnole : par exemple, la **sierra Nevada** au sud de l'Espagne.

Le **ballon** est un sommet arrondi des Vosges (le **ballon d'Alsace**).

Le **pic** est un sommet pointu qui domine une montagne (le **pic du Midi** dans les Pyrénées).

Le **puy** est le nom donné aux monts volcaniques (creusés au sommet) du Massif central (le **puy de Sancy**).

Le **volcan** est un orifice naturel par lequel les roches en fusion dans les profondeurs de la Terre peuvent surgir, jaillir, s'**épancher** * à la surface du sol (**volcan éteint** d'Auvergne ou encore **en activité** comme l'**Etna** en Sicile).

La **dune**, au bord de la mer ou dans le désert, est une colline de sable fin accumulé par le vent.

LES MÉTIERS ET LES HABITANTS DE LA MONTAGNE

Le **berger**, ou la **bergère**, élève et garde les troupeaux de moutons dans la montagne.

Le **montagnard**, ou la **montagnarde**, est un habitant de la montagne.

Le (ou la) **guide** est chargé de diriger les personnes qui veulent s'aventurer dans une montagne dangereuse.

Le **bûcheron** abat les arbres des forêts de montagne : l'épicéa *, le mélèze *, le sapin...

L'**alpiniste** gravit les montagnes difficiles et accomplit des exploits lorsqu'il accède à un sommet jamais encore atteint par l'homme.

Le **chasseur alpin** est un soldat formé aux déplacements dans la montagne.

Le **skieur**, ou la **skieuse**, descend des pistes enneigées, chaussé de skis.

LES TRANSPORTS ET LES HABITATIONS DE MONTAGNE

Pour se déplacer sur les pistes enneigées de montagne, on utilise des **skis**. On peut également prendre place sur une **luge**, un **traîneau**.

Pour voyager dans la montagne, on prend le **train à**

crémaillère (train sur des rails munis de dents) ou le **funiculaire** (chemin de fer mû par un câble).

Pour monter par la voie des airs, du bas de la montagne vers son sommet, on prend le **téléphérique** (ou **téléférique**), la **télécabine**, la **télébenne** *.

Un **télésiège** est un téléphérique sur un câble où, à intervalles réguliers, sont placés des sièges.

Le skieur emprunte un **téléski** ou **remonte-pente** (appareil qui tire les skieurs qui glissent sur leurs skis pour remonter les pentes enneigées).

Pour dégager les routes enneigées, on utilise un **chasse-neige**.

Avec une **motoneige** ou un **scooter des neiges**, on peut circuler sur la neige.

Le **refuge**, le **chalet** sont deux types d'habitations courantes en montagne.

Voir aussi LES MAISONS ET LES HABITATIONS
LES TRANSPORTS

LES SPORTS DE MONTAGNE

Il existe plusieurs sortes de sports en montagne.

Le plus connu est le **ski** : on se déplace sur la neige en glissant sur des skis. Le **ski de fond** consiste à marcher dans la neige avec des skis aux pieds et en s'aidant de bâtons.

Dans les compétitions de montagne, le skieur **skie**, fait des **slaloms** * ou **slalome** *. Certains skieurs font des **sauts de tremplin** : ils s'élancent d'une longue pente et sautent le plus loin possible sur une piste située plus bas.

L'**alpinisme** est un sport consistant à gravir une montagne. L'alpiniste fait l'ascension d'une montagne en s'aidant de cordes, de **piolets** *.

Le **bobsleigh** est un traîneau muni d'un volant qui per-

met de glisser à toute vitesse sur des pistes enneigées spécialement aménagées.

Au Canada, où il y a beaucoup de neige en hiver, les
gens se déplacent avec des **raquettes** qu'ils adaptent à
leurs pieds.

LE SAVEZ-VOUS ?

• **Voici les plus hautes montagnes dans le monde :**

En Asie, l'**Everest** culmine à 8 850 mètres au carrefour
du Tibet, du Népal et de la Chine.

En Amérique du Sud, dans les Andes argentines,
l'**Aconcagua** atteint 6 959 mètres.

En Amérique du Nord, le mont **McKinley** en Alaska
atteint 6 194 mètres.

En Afrique, le **Kibo**, sommet du Kilimandjaro en Tanzanie, culmine à 5 895 mètres.

En Océanie, le **Puncak** en Indonésie atteint 5 029 mètres.

En Europe, le **mont Blanc**, dans les Alpes de Haute-
Savoie, atteint 4 810 mètres.

28. LES MONUMENTS

Il existe de très nombreux monuments et de toutes sortes : des arcs de triomphe, des ponts, des châteaux, des églises... Ils suscitent chacun un vocabulaire précis. Prenons par exemple l'**église**, monument que l'on trouve dans chaque ville ou village. Les différentes parties qui se trouvent à l'intérieur sont : la **nef** *, coupée par le **transept** *, devant l'**autel** * où sont célébrés les **offices** *, puis le **chœur** * et, au fond, l'**abside** *. De chaque côté de la nef se trouvent les **bas-côtés** *.

À l'extérieur, on peut admirer le **clocher** * de l'église, sa **flèche** *, les **contreforts** * et les **arcs-boutants** *.

LES MONUMENTS ET LES VERBES

On pose la première pierre d'un monument avant de le **construire**, le **bâtir**, l'**édifier** *, l'**ériger** *.

Un monument **s'élève**, **se dresse**, **trône** au milieu d'une place, ou **domine**, **surplombe** * une vallée, une ville, un village.

Lorsqu'un monument vient d'être achevé, on l'**inaugure** *, on l'**ouvre** au public.

Un monument trop vieux **tombe en ruine** : il **branle**, **se lézarde**, **se fissure**, **croule**, **s'effondre**. Les murs **s'effritent**. On **restaure** un monument en ruine ou désaffecté *.

157

On **visite** un monument ancien, on **entre** visiter une église, où l'on peut aussi **se recueillir** *.

LES MONUMENTS, LES NOMS ET LES ADJECTIFS

Les pyramides égyptiennes sont des monuments **funéraires** (élevés sur un **tombeau** *). Elles sont **imposantes**, **grandioses**, on les dit **impérissables** *.

Un monument aux morts, dans une ville, est **commémoratif** (construit à la mémoire des soldats morts durant une guerre).

L'Arc de triomphe de Paris est un monument **historique** : il est décoré de sculptures, de **hauts-reliefs** * et de **bas-reliefs** * et porte, inscrits, six cent cinquante-six noms (noms de militaires, généraux de la République et de l'**Empire** *, batailles, faits d'armes).

Certains châteaux, musées, hôpitaux, théâtres, églises, hôtels... sont considérés comme des monuments **historiques**, **sauvegardés** et **classés** *. Ils appartiennent au **patrimoine** * français (biens de l'État).

Certains monuments ou curiosités sont **visitables**, **ouverts** au public ; d'autres sont **fermés**, **interdits** au public.

Une statue peut être un monument **public**.

Certains monuments appartiennent à une époque précise : ils sont **antiques** ou **anciens** ; **contemporains** *, **modernes** ou **récents**. Ainsi il y a des **styles** * différents : les églises romanes, par exemple, sont de style **roman** (l'arc des voûtes est arrondi ; du XIe au XIIe siècle), les églises gothiques sont de style **gothique** (les deux arcs des voûtes se rejoignent en une pointe ; du XIIe au XVIe siècle).

DIFFÉRENTES SORTES DE MONUMENTS

Voici plusieurs sortes de monuments, plus ou moins grands, plus ou moins massifs, importants : un **palais**, un château, un **arc de triomphe**, un **pont**, un **amphithéâtre** occupé en son milieu par une **arène** (comme les arènes de Lutèce, de Nîmes), un **aqueduc** *, une **colonne**, des **thermes** (établissements de bains publics dans l'Antiquité)...

Voici plusieurs sortes d'églises et de monuments religieux : une **abbaye** *, une **église**, une **cathédrale** *, une **basilique** *, une **chartreuse**, un **temple**, une **chapelle** *, un **cloître** *, un **couvent**...

La **synagogue** est réservée au culte des juifs, la **mosquée** au culte des musulmans, le **temple** au culte des protestants.

LES MONUMENTS ET LES MÉTIERS

Jadis, des **bâtisseurs de cathédrales** ont construit de magnifiques cathédrales à l'**architecture** * compliquée.

L'**architecte** trace les plans d'un monument (ou d'un bâtiment) et en dirige la construction. Les **maçons**, les **tailleurs de pierre**, les **charpentiers** sont les principaux constructeurs d'un édifice.

L'**archéologue** étudie les choses anciennes, les arts et les monuments antiques. Il effectue des fouilles **archéologiques** *, à la recherche d'objets, d'emplacements anciens dans de nombreux pays du monde.

LES MONUMENTS DANS LE MONDE

Voici quelques monuments parisiens célèbres : l'**arc de triomphe** de l'Étoile, l'**église de la Madeleine**, **Notre-Dame de Paris**, les **ponts de la Seine** (Pont-Neuf, pont de l'Alma...), le **Panthéon**, la **tour Eiffel**, l'**Obélisque** sur la place de la Concorde...

Voici des monuments, des curiosités célèbres à l'étranger : les **pyramides** (en Égypte) ; le **Forum**, le **mont Palatin** (à Rome, en Italie) ; les **monastères** (en Roumanie) ;

la **statue de la Liberté** (aux États-Unis) ; le **Parthénon** (temple d'Athéna) et l'**Acropole** (à Athènes, en Grèce) ; la **Grande Muraille de Chine** (en Chine) ; la **cathédrale Saint-Paul**, la **tour de Londres** (en Angleterre) ; le **mur des Lamentations** (à Jérusalem, en Israël) ; les **ruines de Carthage** (en Tunisie) ; celles de **Pompéi** (en Italie)...

LOCUTIONS ET EXPRESSIONS

Lorsqu'on fait beaucoup de projets, sans savoir s'ils aboutiront, on **bâtit des châteaux en Espagne**.

Une vie de château *(fam.)* est une vie heureuse, sans problème.

Faire un pont d'or à quelqu'un, c'est lui offrir beaucoup d'argent pour s'assurer de sa collaboration.

Rester dans sa tour d'ivoire, c'est demeurer enfermé quelque part en ayant très peu de contact avec l'extérieur.

Une pyramide de fruits, c'est un entassement de fruits en forme de pyramide.

LE SAVEZ-VOUS ?

• Les **pyramides** sont de grands monuments, nombreux en Égypte, dont la base a la forme d'un carré, et chacune des quatre faces, la forme d'un triangle.

Les pyramides servaient de **tombeaux aux pharaons**.

Les trois principales se trouvent à Guiseh : celles de **Khéops**, **Khéphren** et **Mykérinos**.

LES MONUMENTS

• Connaissez-vous les **sept merveilles du monde** ?

Pays	Nom du monument	Date	État	Hauteur (en m)
Égypte	La Grande Pyramide	vers 2690 av. J.-C.	Conservée	137
Irak	Les jardins suspendus de Babylone	600 av. J.-C.	Détruits	23 à 92
Grèce	La statue de Zeus à Olympie	vers 450 av. J.-C.	Détruite	18,5
Grèce	Le Colosse de Rhodes	280 av. J.-C.	Détruit	32 à 46
Turquie	Le temple de Diane à Éphèse	450 av. J.-C.	Détruit (restent quelques fragments)	19,5
Turquie	Le Mausolée d'Halicarnasse	352 av. J.-C.	Détruit (restent des ruines des remparts)	42
Égypte	Le phare d'Alexandrie	270 av. J.-C.	Détruit	120

• L'**Obélisque**, sur la place de la Concorde, à Paris, provient du temple de Louqsor (en Égypte). Il fut offert à la France en 1829 par l'Égypte et fut érigé en 1836.

• La **Grande Muraille de Chine** est la plus grande muraille du monde : longue de 24 000 kilomètres, haute de 16,5 mètres et ayant une largeur de 8 mètres, elle fut construite en 247 av. J.-C. Ce monument est visible de la Lune.

29. L'OISEAU

L'oiseau possède deux pattes. L'aigle a des **serres** *, le canard des **pattes palmées**. Les **échassiers** se déplacent sur de hautes et longues pattes.

L'oiseau possède deux **ailes**. Son corps est couvert de plumes qui forment le **plumage**.

Il est pourvu d'un **bec**. Certaines espèces ont un bec **pointu** (comme la pie), **crochu** (comme l'aigle) ou **en spatule** (aplati et élargi à l'extrémité), ou **plat** (comme le canard).

Certains oiseaux portent une **crête** sur la tête (comme le coq) ou une **huppe** (comme la grue).

L'OISEAU ET LES VERBES

Pour se déplacer, l'oiseau **vole** : il **bat des ailes**, les **agite**, puis il **ouvre**, **déploie** ses ailes, **prend son essor** *, **s'envole**, **fend l'air**, **voltige**, **plane** dans les airs. Lorsqu'il veut **se poser**, il **redescend**, **se perche** ou **se juche** sur un perchoir, puis **replie** ses ailes. Il peut aussi se déplacer en **sautant**, **sautillant**, ou en **marchant** sur le sol.

Pour se nourrir, l'oiseau **picore**, **becquette** * des grains, ou **gobe** * des insectes.

Pour se reproduire, l'oiselle (l'oiseau femelle), après avoir été fécondée par le mâle, **pond** des œufs, puis les

couve. Ensuite, l'œuf **éclôt** et donne naissance à un oisillon. L'oiseau **élève** l'oisillon dans le nid.

L'oiseau et ses cris

Un oiseau **pépie** *, **piaille**, **jase** *, **babille** *, **gazouille**,
chante, **siffle** ou même **parle** (*voir* LES BRUITS ET LES CRIS).

L'OISEAU ET LES ADJECTIFS

Il existe de **grands** oiseaux, comme l'aigle, et de très
petits oiseaux, des oiseaux **minuscules** comme l'**oiseau-
mouche** *. Le **paon** * est **superbe**, **magnifique** quand il
fait la roue *. Le perroquet est très **coloré**. Les vautours
sont souvent **déplumés**.

L'oiseau a un vol **léger**, **gracieux** ou **lourd** ; **rapide** ou
lent ou **régulier**.

Les oiseaux **diurnes** vivent le jour, les oiseaux **nocturnes** vivent la nuit (comme la chouette, le hibou).

Les oiseaux **migrateurs** * s'envolent chaque année à
l'automne pour rejoindre les régions chaudes (comme les
hirondelles, les cigognes...).

Les oiseaux **marins** (oiseaux de mer) vivent sur la mer
ou près des côtes : la mouette est un oiseau marin.

Les oiseaux **aquatiques** vivent près de l'eau.

Le perroquet est un oiseau **parleur**.

Les oiseaux sont **utiles** lorsqu'ils détruisent les insectes
mais une nuée * d'oiseaux est **nuisible** * quand elle s'abat
et pille les récoltes.

Les oiseaux **rapaces**, **prédateurs** comme l'aigle, attrapent des proies *.

L'OISEAU ET SES HABITATIONS

Dans la nature, les oiseaux vivent dans le **creux des arbres** ou construisent des **nids** dans les branches, sous un toit ou sur une cheminée (comme la cigogne).

Les oiseaux domestiques vivent dans des **cages**, le pigeon dans un **pigeonnier** ou un **colombier**. Le perroquet est souvent juché sur un **perchoir**. La **volière** est un **enclos** * grillagé assez vaste pour élever plusieurs oiseaux.

L'OISEAU ET SES ENNEMIS

Pour s'amuser, il arrive que des enfants **effarouchent** *, **attrapent** les oiseaux : ils les **dénichent** * dans les arbres. D'autres les **prennent au piège**, les **emprisonnent**, les **mettent en cage**. Les chasseurs **chassent** et **tuent** certains oiseaux.

Les chats aiment **chasser** les oiseaux. Ils les **attrapent**, **jouent** avec eux, les **tuent**, et parfois les **mangent**.

L'OISEAU ET LES MÉTIERS

L'**aviculteur** élève les oiseaux.

L'**ornithologue** étudie les oiseaux ; sa science s'appelle l'**ornithologie**.

Le **naturaliste** empaille * les oiseaux morts.

LE SAVEZ-VOUS ?

• Certains oiseaux ont un nom qui leur ressemble : le **rouge-gorge** (car les plumes de sa gorge sont rouges), le **cardinal** (à cause de son plumage rouge éclatant comme la tenue des cardinaux), le **verdier** (à cause de son plumage vert olive), l'**oiseau-mouche** * (à cause de sa très petite taille le faisant ressembler à une mouche), le **coucou** (à cause de son cri), etc.

• L'**aigle** est considéré comme le roi des oiseaux. Dans l'Antiquité, c'était l'oiseau du dieu romain Jupiter (Zeus, chez les Grecs). Il a servi d'emblème à Napoléon Ier.

• Le **phénix** * est un oiseau **fabuleux** *, unique : selon la mythologie, il vivait plusieurs siècles, pouvant brûler sur un bûcher et renaître ensuite de ses cendres.

• La **colombe** portant un rameau d'olivier est le symbole de la paix.

• La locution « à vol d'oiseau » veut dire en ligne droite (d'un lieu à un autre). Par exemple, à vol d'oiseau, Londres est plus près de Paris que de Berlin.

Voir aussi LES ANIMAUX
LES BRUITS ET LES CRIS
LES FLEUVES ET LES COURS D'EAU
LA FORÊT
LA MER
LA MONTAGNE

30. L'ORIENTATION
(LES VENTS, LES POINTS CARDINAUX)

S'orienter, c'est savoir dans quelle direction se trouvent le nord, l'est, le sud et l'ouest.

```
                    NORD
                     ↑

   OUEST  ←              →  EST

                     ↓
                    SUD
```

Le matin, le soleil se lève à l'**est**.
Le soir, le soleil se couche à l'**ouest**.
Lille est **au nord de** la France.
Cannes est **au sud de** la France.
Brest se trouve **à l'ouest**, et Strasbourg, **à l'est**.

_____

L'ORIENTATION : LES VERBES ET LES EXPRESSIONS

Lorsque l'on est seul sur une route et **désorienté, égaré, perdu** car il n'y a aucun panneau indicateur, il faut **se repérer** : on cherche alors à **se retrouver, se reconnaître, s'orienter, déterminer sa position**.

L'ORIENTATION

Quelqu'un que l'on rencontre peut nous **guider**, nous **diriger**, nous **montrer**, nous **indiquer** le chemin, **la direction à suivre**, nous **mettre sur la voie**.

Sinon, on peut **se guider** le jour avec le soleil, la nuit avec les étoiles ou, si l'on est prévoyant, avec une boussole.

Une plante qui **s'oriente**, se tourne vers le soleil est **héliotrope** (du grec *hélios*, « soleil », et *tropos*, « tour ») : c'est le cas du **tournesol** *, encore appelé « soleil ».

En mer, les marins se dirigent vers un endroit précis en consultant leur carte et en utilisant un **compas** * : ils **déterminent** leur position exacte pour ne pas **dévier** de leur route : ils **mettent le cap sur** *, **font route** * **vers** un port, un lieu. Ils **gagnent**, **atteignent** les côtes d'un pays, **font voile** * vers cet endroit.

L'ORIENTATION ET LES ADVERBES

en haut ≠ en bas
au-dessus ≠ au-dessous
dessus ≠ dessous
devant ≠ derrière
avant ≠ arrière
à gauche ≠ à droite
près ≠ loin

L'ORIENTATION ET LES INSTRUMENTS

L'instrument le plus connu pour s'orienter est la **boussole** : elle comporte une **aiguille** dont une extrémité est souvent bleutée et l'autre blanche ; cette aiguille est soutenue en son milieu par un **pivot**. Elle indique le nord. Le **boîtier**, en **laiton** *, est fermé par un verre. Sur le côté du boîtier se trouve un **bouton** : si on le fait glisser de côté, il permet d'**immobiliser** l'aiguille ; si on le tourne en sens inverse, il **libère** * l'aiguille.

Une **table d'orientation** – comme on en trouve en un

lieu élevé (en montagne) – indique, en un lieu précis, la direction et le nom de divers points de repère à partir de ce lieu : c'est une table en forme de grand cercle ou de demi-cercle portant, gravés, le nord, le sud, l'ouest et l'est.

La **girouette**, au sommet d'un toit, indique la direction du vent, comme le font aussi les **manches à air** * sur les routes.

Le **soleil** peut nous guider si l'on sait qu'il se lève à l'est, se couche à l'ouest, monte au plus haut dans le ciel (au zénith) vers midi.

En mer, les bateaux sont guidés par **radiobalisage**, c'est-à-dire par une signalisation au moyen de radiobalises. Une **radiobalise** est un émetteur de faible puissance modulé par un signal d'identification pour guider les navires en mer. On radiobalise ainsi les routes maritimes.

Le **radiophare** est une station émettrice de signaux identifiables qui aide le navire à déterminer sa position et à suivre la route prévue en mer.

LE NORD

Lorsqu'on **se trouve au nord**, on est presque exactement dans la direction de l'**étoile Polaire** *.

On marche, on monte **vers le nord** – en France – lorsque l'on se dirige vers Paris et que l'on vient de Montpellier. Lille est **(très) au nord de** Paris.

Sur une carte, **le nord d'une région** indique l'ensemble géographique **situé au nord**. Voici des pays **situés au nord de** la France : la Belgique, les Pays-Bas, le Danemark, la Norvège, la Finlande...

Voici des **vents du nord** : le **mistral** *, la **tramontane** * soufflent du nord-nord-ouest vers la Méditerranée.

En géographie, le **pôle Nord** est le point situé en haut du globe terrestre, à l'opposé du pôle Sud.

LE NORD ET LES ADJECTIFS

La **partie nord** du globe est aussi appelée partie **septentrionale**.

On peut aussi appeler l'hémisphère **Nord** l'hémisphère **boréal** (du latin *borealis*, qui veut dire « du nord »).

Le **pôle Nord** est baigné par l'océan **Glacial Arctique** (du grec *arktos*, qui veut dire « ours »).

Le **Grand Nord** est la partie du globe terrestre la plus proche du pôle Nord.

Le danois, le norvégien, le suédois... sont des **langues nordiques**.

Les Scandinaves appartiennent aux **peuples nordiques** ; ils ont le **type nordique** (cheveux blonds, yeux clairs).

LE NORD ET LES EXPRESSIONS

Quelqu'un qui **ne perd pas le nord** pense, quelles que soient les circonstances, à son intérêt personnel.

Lorsqu'on est affolé, on est comme une boussole dont l'aiguille tourne en tous sens : on **a perdu le nord**.

LE SUD

Lorsqu'on **se trouve au sud**, on se trouve en un point diamétralement opposé au nord.

On va, on descend **vers le sud** quand on se dirige d'Orléans vers Nice. Nice est **(très) au sud** d'Orléans, **dans le midi de** la France.

Sur une carte, **le sud d'une région** indique l'ensemble géographique **situé au sud**. Voici des pays **situés au sud de** la France : l'Italie, l'Espagne, le Maroc.

Voici un **vent du sud** : le **sirocco** *.

En géographie, le **pôle Sud** est situé en bas du globe terrestre, à l'opposé du pôle Nord.

L'ORIENTATION

LE SUD ET LES ADJECTIFS

La partie **sud** d'un pays est sa partie **méridionale**. Les gens du Midi sont des Méridionaux.

On peut appeler l'hémisphère **Sud** l'hémisphère **austral** (du latin *auster*, qui signifie « vent du midi »).

Le **pôle Sud** et ses régions forment l'**Antarctique** (du grec *anti*, « opposé », et *arktos*, « ours »).

L'OUEST

Lorsque l'on **va vers l'ouest**, on va du côté où le soleil se couche, vers le **couchant**, l'**occident** *, le **ponant** *.

Sur une carte, l'**ouest d'une région** se trouve à notre gauche. La Bretagne est **située (très) à l'ouest de** Paris. Voici des pays **situés à l'ouest de** la France : l'Irlande, le Canada, les États-Unis.

On appelle la **partie ouest** d'un continent la **partie occidentale**.

L'EST

Lorsqu'on **se dirige vers l'est**, du côté où le soleil se lève, on va vers l'**orient** *, le **levant** * (mot poétique).

Sur une carte de France, l'**est d'une région** se trouve à notre droite. L'Alsace se trouve **(très) à l'est de** Paris.

Voici des pays **situés à l'est de** la France : l'Allemagne, la Pologne, la Russie.

On appelle **pays de l'Est** les pays qui faisaient partie de l'ancien bloc soviétique.

On appelle **la partie est** d'un pays la **partie orientale**.

Voir aussi LE CIEL, LES ASTRES ET LES PLANÈTES

31. LES PAYS ET LES VILLES

Voici ce que l'on peut trouver en général dans une ville de moyenne importance : une **mairie**, une **gare**, une ou des **écoles**, un collège, un lycée, une **église**, des **pâtés de maisons** *... Des **bus** desservent les différents arrêts ou stations d'une ville et font la liaison avec d'autres villes. Il y a un ou des **jardins publics** avec des pelouses, des fontaines, des bacs à sable. Des **parkings**, la **place du marché** ou un marché couvert, des **boutiques**, des **petits commerces** et des **centres commerciaux**, des grandes surfaces, un **gymnase**, une **piscine**, un **stade**, mais aussi des **salles de cinéma**, une ou des **bibliothèques**, une **médiathèque**, parfois un ou des **musées** se trouvent dans la ville.

Pour les Français habitant outre-mer, la France est la **métropole** *.

Pour les habitants de la France, la France est leur **nation**.

Paris est la **capitale** de la France.

LES PAYS ET LES VERBES

On **naît**, **vit** dans un pays. Au cours de sa vie, on peut être obligé de le **quitter**, l'**abandonner** : alors, on **change** de pays, on **s'exile** *, **émigre** *.

Lorsqu'un émigré est loin de son pays, il **évoque** souvent la patrie qu'il **aime** : il arrive qu'un jour il **revienne dans** son pays ou **retourne, rentre au** pays.

En temps de guerre, lorsqu'un pays **déclare la guerre à** un autre pays, il l'**attaque**. Cet autre pays est alors **envahi** par des ennemis. La population **défend** son pays, essaie de le **préserver**, le **protéger**, mais si les ennemis sont les plus forts, ceux-ci le **conquièrent**, s'en **emparent**. Ils en deviennent alors les maîtres. Ils **dominent, organisent, dirigent, administrent *, gouvernent** le pays conquis.

À la fin d'une guerre, lorsque l'on signe le traité de paix, certaines régions peuvent être **détachées de** ou **rattachées à** un pays.

LES VILLES ET LES VERBES

Les citadins **habitent** la ville, **dans** une ville. Il arrive qu'ils la **quittent**, le temps d'un week-end, puis la **regagnent** pour y **vivre**, y **travailler** le reste du temps.

Les touristes **visitent** une ville.

En temps de guerre, l'ennemi **investit *, encercle, assiège *, cerne *** une ville. Si les soldats sont très violents, ils la **saccagent**, la **pillent**, la **détruisent**. Les habitants **protègent, défendent** leur ville et il arrive que des alliés viennent les aider à la **libérer ***.

LES PAYS ET LES ADJECTIFS

Il existe des pays **pauvres** (qui ont peu de ressources) et des pays **riches** et **puissants** (dont l'économie est **prospère ***).

Un pays est **pauvre** quand il est **désertique**, sans ressources, ou quand il a été **détruit** par des bombardements ou **asséché** par la sécheresse...

Un pays est **riche, souverain** *, **prospère** lorsque ses terres donnent de bonnes récoltes, que les entreprises, le commerce se développent, que les habitants ont des emplois, que le climat est bon, qu'il vit en paix.

Il existe de **grands** pays comme la Russie et de **petits** pays comme le Luxembourg.

Il existe des pays **proches** de la France, **limitrophes** * comme la Belgique, et des pays **lointains** comme l'Inde.

Le pays **natal** est le pays où l'on est né.

LES VILLES ET LES ADJECTIFS

Une ville **bien entretenue, propre**, dont les quartiers, les places ont été **restaurés** ou **embellis**, est **plaisante, agréable** ; mais il existe aussi des villes **sombres, grises, sales, tristes**.

Paris est une **grande** ville, **animée, bruyante, gaie** le jour du 14 Juillet, **illuminée** à Noël. **Fondée** il y a très longtemps, elle s'appelait alors Lutèce. C'est donc une ville **ancienne** par certains quartiers, mais également **moderne, neuve**, car d'autres quartiers ont été aménagés (la Défense, Bercy...).

Brest, en Bretagne, est une ville **maritime** *. Lors de la dernière guerre, elle fut **bombardée** et **détruite**. Il a alors fallu la reconstruire.

Besançon est une ville **fortifiée** *. Rome est la ville **pontificale** *. Bordeaux est une ville **riche**, Saint-Étienne est une ville **industrielle**, Saint-Tropez une ville **touristique**.

Pendant une guerre, des villes peuvent être **brûlées, ruinées, pillées, rasées** *, entièrement **détruites, rayées de la carte** *. D'autres villes, bien **défendues**, demeurent **imprenables, inexpugnables** (impossibles à prendre d'assaut).

Pendant un cyclone, un ouragan, une forte tempête, des villes sont **dévastées**, **anéanties**.

Il existe de **petites** villes de peu d'habitants, des villes de **moyenne** importance et de **grandes** villes très **importantes** par leur puissance économique et leur nombre d'habitants.

LA POPULATION ET LES HABITANTS

La population, les verbes et les adjectifs

Les villes et les pays **possèdent** de nombreux habitants, une population importante. On **compte**, **dénombre** *, **recense** * une population.

Au fil des ans, une population peut **augmenter**, **croître**, **s'accroître** ou **diminuer**, **varier** en fonction des époques. Une épidémie peut **décimer** * une population.

Dans une grande ville, la population est dense : elle **vit**, **grouille**, **fourmille**.

Dans les campagnes, la population est plutôt **sédentaire** *, quelquefois **nomade**, souvent **clairsemée**.

La population et les noms

Les habitants sont des **autochtones** quand ils sont nés dans un pays qu'ils habitent et qu'ils n'ont pas quitté.

Les **émigrés** sont des gens qui ont quitté leur pays d'origine (qui ont émigré) pour venir vivre et travailler dans un autre pays (c'est-à-dire immigrer), où on les appelle des **immigrés**.

Les noms d'habitants

Voici les principales terminaisons qui, en français, servent à former les noms des habitants d'une ville, d'un pays.

Terminaison	Ville	Pays
-AIN	Toulousain (Toulouse)	Marocain (Maroc)
-AIS	Marseillais (Marseille)	Français (France)
-IEN	Parisien (Paris)	Italien (Italie)
-IN	Messin (Metz)	
-OIS	Lillois (Lille)	Luxembourgeois (Luxembourg)
-OL		Espagnol (Espagne)

Mais attention : Besançon donne Bisontins ; Chamonix, Chamoniards ; Limoges, Limougeauds ; Nancy, Nancéens ; Manchester, Mancuniens...

LES VILLES ET LEUR SITUATION

Une ville peut être située : **au bord de la mer** (comme Biarritz), **près de l'embouchure * d'un fleuve** (comme Le Havre), **à l'entrée d'un estuaire *** (comme Nantes), **dans un delta *** (comme Alexandrie en Égypte), **au confluent * de deux fleuves** (comme Conflans-Sainte-Honorine, dans le Val-d'Oise), **à l'intérieur des terres** (comme Lille), **près d'une frontière** (comme Genève en Suisse), **au pied d'une montagne** (comme Chamonix).

LES PAYS ET LES DEVISES

Voici quelques devises de pays d'Europe et de quelques autres continents.

LES PAYS ET LES VILLES

	Devise	Pays
E U R O P E	Liberté, Égalité, Fraternité.	France
	L'union fait la force.	Belgique
	Dieu et mon droit.	Grande-Bretagne
	Avec l'aide de Dieu.	Monaco (principauté de)
	Un pour tous, tous pour un.	Suisse
	Tout le pouvoir est au peuple.	Hongrie
A U T R E S C O N T I N E N T S	Tous ensemble ne font qu'un. En Dieu notre confiance.	États-Unis
	Unité, travail, progrès.	Tchad, Burundi
	Paix dans le pays, paix hors des frontières.	Turquie
	Dieu, la Patrie, le Roi.	Maroc
	Un peuple, un but, une foi.	Sénégal
	La vérité l'emportera.	Inde

LE SAVEZ-VOUS ?

• *Intra muros* sont deux mots latins qui signifient « en dedans des murs », c'est-à-dire à l'intérieur de la ville.

Au contraire, *extra muros* sont deux mots latins signifiant « en dehors des murs », c'est-à-dire à l'extérieur de la ville.

Voir aussi LE COMMERCE : MAGASINS ET MARCHÉS
LES MONUMENTS
LA RUE

32. LES POISSONS

Les poissons peuvent vivre dans l'eau salée ou dans l'eau douce. Leur corps, généralement recouvert d'**écailles**, possède une tête et une queue, des **nageoires**, des **ouïes** *, des **branchies** *, des **barbillons** *.

Le squelette central est composé d'une **arête**.

Tous les poissons **carnivores** possèdent des **dents**.

Des poissons de la même espèce se trouvant réunis forment un **banc de poissons**.

L'**ichtyologie** est l'étude scientifique des poissons.

LES POISSONS ET LES VERBES

Le poisson **vit, évolue dans** l'eau. Il **se déplace** en **nageant** grâce à des nageoires. Il **respire** grâce à des branchies * et **apparaît à la surface** de l'eau pour **happer** sa nourriture.

Les poissons **se reproduisent** en **frayant** (ils **pondent** des œufs dans la rivière ou dans la mer).

À la pêche, le poisson **mord**, est **ferré** * à l'hameçon : le pêcheur **attrape, prend** le poisson qui **s'agite, frétille**.

Le poissonnier **vend** et **prépare** les poissons pêchés : il les **ouvre**, les **vide** (ôte leurs viscères *) et les **écaille** *.

Le cuisinier fait **cuire, frire** le poisson, l'**accommode** en plat.

Si une rivière n'a plus beaucoup de poissons dans ses

eaux, on la **peuple**, la **repeuple**, la **rempoissonne** *. Cette opération s'appelle l'alevinage quand on rempoissonne avec des alevins.

LES POISSONS ET LES ADJECTIFS

Il existe des poissons **plats** (comme la sole) ou **fins** et **allongés** (comme l'anguille).

Dans les mers chaudes, on pêche des poissons **exotiques**.

Dans un aquarium, on met des **poissons d'ornement** : des poissons **rouges** mais aussi des poissons **exotiques** de petite taille, très **colorés**.

Les poissons ont une peau **squameuse** * ou **écailleuse**.

Les poissons, comme les oiseaux, sont parfois **migrateurs** (ils peuvent remonter, comme le saumon, les rivières pour aller pondre).

Une rivière **riche** en poissons est **poissonneuse**.

La plupart des poissons sont **carnivores** et se nourrissent de poissons plus petits ou de larves *.

Un poisson est **frais** quand il a été pêché il y a peu de temps. Il peut être **séché** (comme la morue), **salé** pour la conservation, et **préparé** pour être **consommé**.

Ce qui a la forme d'un poisson est **pisciforme**.

Ceux qui se nourrissent de poissons sont **piscivores**, celui qui mange du poisson est **ichtyophage** (mot scientifique).

PLUSIEURS SORTES DE POISSONS

Voici des **poissons de mer** : le maquereau, le merlan, la sardine, la sole, le thon, le rouget, la morue, le requin, la dorade, la raie, le **congre** *, le hareng.

Voici des **poissons d'eau douce**, qui vivent dans les rivières et les fleuves : la truite, le brochet, le **vairon** *, la **perche** *, le goujon, l'**ablette** *, le **gardon** *, la carpe...

Voici des poissons qui vivent tantôt dans l'eau douce, tantôt dans l'eau de mer, car ils changent de milieu pour se reproduire : le saumon, l'anguille, l'**esturgeon** *.

L'**alevin** est un petit poisson que l'on met dans une rivière pour la repeupler.

L'**hippocampe** est aussi appelé « cheval marin » à cause de sa tête qui ressemble, en petit, à celle du cheval.

Le **poisson-chat** a une tête qui ressemble à celle d'un chat.

Le **poisson-scie** a une mâchoire en forme de scie.

LES POISSONS ET LES MÉTIERS

Le **marchand de poissons** ou le **poissonnier** vend des poissons sur le marché, au supermarché ou dans une poissonnerie. Le **cuisinier** utilise des poissons pour confectionner toutes sortes de plats (par exemple la bouillabaisse).

Au bord de l'eau, le **pêcheur** attrape des poissons. En mer, les **marins-pêcheurs**, les marins, ramènent, pêchent des poissons dans des filets. Ils conservent ensuite le poisson dans la glace avant de le décharger au port et de le vendre.

Les **terre-neuvas** sont des pêcheurs qui vont pêcher des morues au large de Terre-Neuve (à l'est du Canada) et restent longtemps en mer.

Le **pisciculteur** élève des poissons.

L'**ichtyologue** fait l'étude des poissons.

LES POISSONS ET LES ENDROITS OÙ ILS VIVENT

Les poissons d'ornement vivent dans des **aquariums**.

Les truites (et d'autres poissons) sont gardées dans un **vivier** * avant d'être attrapées pour être consommées.

Les poissons de mer vivent dans la **mer**, les **océans** ; les poissons de rivière, dans des **cours d'eau**, des **lacs**, des **fleuves**, des **rivières**.

Dans certains musées océanographiques, les poissons exposés au public évoluent dans des **vivariums** * ou des **aquariums** de très grande taille.

LOCUTIONS ET EXPRESSIONS

Quelqu'un qui **nage comme un poisson** nage très bien.

Être comme un poisson dans l'eau, c'est être très à l'aise.

Un film qui **se termine en queue de poisson** se termine rapidement et d'une manière peu satisfaisante.

Être ou rester muet comme une carpe, c'est ne pas dire un mot, rester silencieux.

Faire une queue de poisson sur la route, c'est doubler un automobiliste et se rabattre brusquement devant lui.

Il est frais comme un gardon veut dire : il est vif, très en forme.

Une **queue-de-morue** est un pinceau plat et large ressemblant à la queue de la morue.

LE POISSON ET SON UTILISATION

À partir du poisson :

On fabrique de la **colle** en utilisant ses arêtes.

On prépare, consomme sa **chair**, ses **laitances** * en cuisine ; on coupe, on met le poisson **en conserve** dans les **sardineries** * (pour les sardines), les **conserveries** *.

On utilise le poisson comme **appât** * pour attraper d'autres poissons.

LE SAVEZ-VOUS ?

• Jadis, des menuisiers, des ébénistes utilisaient la peau rugueuse de la **roussette** * comme papier de verre pour polir le bois.

• Deux vers de La Fontaine (« Le Petit Poisson et le Pêcheur ») sont passés en proverbe : « Petit poisson deviendra grand pourvu que Dieu lui prête vie. »

• La **baleine** ne fait pas partie des poissons : c'est un **mammifère** * **cétacé** *. Elle produit de l'huile. Le **cachalot** *, lui aussi, est un cétacé, il produit de l'ambre gris (matière utilisée en parfumerie).

• Les œufs de l'esturgeon * sont célèbres : on les mange sous le nom de **caviar** *.

• En **astrologie**, on est né sous **le signe des Poissons** si notre jour de naissance est situé entre le 21 février et le 21 mars.

• Enfin, le **1er avril**, on fait des **poissons d'avril** : on s'amuse à faire des farces, à faire croire des choses fausses ; la tradition veut que l'on accroche des poissons en papier dans le dos de certaines personnes.

> *Voir aussi* LES FLEUVES ET LES COURS D'EAU
> LA MER

33. LA RADIO ET LA TÉLÉVISION

La **télévision**, la **radio**, la **presse** sont des **médias**, c'est-à-dire des moyens de communication qui permettent de toucher un très grand nombre de personnes en même temps, pour communiquer avec elles et leur donner des informations. Par exemple, une émission de télévision regardée par des millions de téléspectateurs en même temps, un journal lu par trois cent mille lecteurs, etc.

Un **poste de radio** est aussi appelé une **radio**, un **poste**.

Les **auditeurs**, les **auditrices** écoutent la radio, sont branchés sur une station de radio.

On dit **une télévision** mais aussi **un appareil**, **un poste de télévision**, un **récepteur**, un **poste**, un **téléviseur** ou une **télé** *(fam.)*.

La télévision est appelée le **petit écran** par opposition au **grand écran** qui est le cinéma.

Les **téléspectateurs**, les **téléspectatrices** regardent la télévision.

LA RADIO

LA RADIO ET LES VERBES

Sur la plage, en voiture, à la maison, on **écoute** la radio. On l'**ouvre** *(fam.)*, l'**allume**, on **tourne** le bouton en cherchant telle ou telle station que l'on veut **écouter** (on **se**

182

branche sur France Inter, France Info, Europe 1, RTL, RMC...) et on **capte** des émissions.

On dit qu'une radio **crie à tue-tête** quand elle fait beaucoup de bruit. Elle **grésille**, elle **se brouille** quand il y a des parasites * sur les ondes *.

La radio **émet**, **transmet**, **diffuse** des émissions.

Un CD **passe à** la radio ; on **entend**, on **suit** une émission **à** la radio. Un artiste **passe** à l'antenne *.

Un concert **est radiodiffusé** * quand il **est retransmis** * **à** la radio.

LA RADIO ET LES ADJECTIFS

Les postes de radio sont le plus souvent **portatifs**, alimentés par des piles. Les autoradios * sont des postes conçus pour fonctionner en voiture ; les autoradios **extractibles** peuvent être enlevés et emportés avec soi dès que l'on quitte sa voiture.

Une radio est **bruyante** si le son que l'on entend est trop fort.

Un concert, un jeu **radiophonique** sont retransmis à la radio.

LA TÉLÉVISION

LA TÉLÉVISION, LES VERBES ET LES NOMS

Quand on veut **occuper** ses loisirs, on peut **regarder** la télévision.

Pour cela, il faut **posséder** un appareil ; on peut **acheter** ou **louer** un poste de télévision. Lorsque l'on **a la télévision**, on l'**allume** ; on **ouvre** *(fam.)* son poste, son téléviseur. On **met** la première chaîne, on **zappe** sur une autre chaîne. On **se branche sur** un canal *, on peut **être abonné au câble** * ou au satellite. On **règle** l'image et le son grâce aux touches du boîtier de **télécommande**. On **oriente** l'**antenne** si celle-ci est à l'intérieur de la maison.

On **regarde** la télévision seul ou avec des amis, en famille. L'appareil **marche, fonctionne, est allumé**. On **reste** devant pour **regarder, suivre** le programme. Si le programme nous **déplaît**, on **arrête, coupe** une émission, on **change** de chaîne, on **zappe** ou on **arrête, ferme** *(fam.)*, **éteint** son poste. On peut **critiquer** * en bien ou en mal une émission selon qu'on l'**aime** ou qu'on la **déteste**.

On **suit** régulièrement un feuilleton. Si l'on **a manqué** certains épisodes, un résumé au début de l'épisode qu'on regarde aide souvent à **retrouver le fil** * de l'histoire.

La télévision **émet, transmet, retransmet, diffuse** des émissions. Elle **envoie** des images dans toute la France.

Les techniciens **montent, coupent, enregistrent, réalisent, mixent** *, **mettent en scène** des émissions, des téléfilms.

Un artiste **participe** à une émission, **apparaît, passe** à la télévision, **se produit dans** une émission.

Un **speaker** *, une **speakerine** *, un **animateur**, une **animatrice** travaillent à la télévision, **annoncent, animent, présentent** les programmes des émissions.

Une pièce de théâtre, des compétitions sportives sont **télévisées** lorsqu'elles **sont retransmises** * à la télévision.

LA TÉLÉVISION : LES ADJECTIFS ET LES EXPRESSIONS

Les postes de télévision fournissent des images **en noir et blanc** ou **en couleurs**. Il existe des **téléviseurs portables** que l'on peut facilement emporter et placer où l'on veut.

Quand on fait une émission **en direct**, l'émission se déroule en même temps que nous la regardons.

Quand une émission est retransmise **en différé**, elle est déjà enregistrée. Nous la voyons après son déroulement réel.

Quand un chanteur **fait du play-back** ou **chante en play-back**, il mime des gestes, des attitudes et fait semblant de chanter une chanson déjà enregistrée que l'on entend en même temps.

La télévision **scolaire** donne des cours à distance (un programme **scolaire** est diffusé sur France 5). Les téléspectateurs sont alors généralement des élèves.

Un match est **télévisé** quand il est **filmé** par la télévision afin que les téléspectateurs puissent le suivre au fur et à mesure qu'il se déroule sur le terrain de jeu. Il peut être retransmis **en Eurovision** (dans plusieurs pays d'Europe) ou **en Mondovision** (dans la plupart des pays du monde).

Un (ou une) artiste **télégénique** possède un visage, une allure qui sont agréables à voir à la télévision.

Enfin, un programme de télévision peut être **intéressant**, **captivant**, **passionnant** ; **distrayant**, **drôle** ou **tout à fait ennuyeux**, **nul** *(fam.)*, **exécrable** *.

PLUSIEURS SORTES D'ÉMISSIONS

Voici plusieurs sortes d'émissions que l'on peut voir à la télévision :

Les **émissions culturelles**, **littéraires**, **musicales** ; les **émissions médicales**, **scientifiques**, **politiques**, **religieuses**, **scolaires**.

Les **émissions pour la jeunesse**, les **dessins animés**, les **courts métrages** *.

Les **émissions de variétés**, les **shows**, les **reality shows** * (la **télé-vérité**).

Les **jeux télévisés**, les **émissions-jeux**.

Les **journaux télévisés** (JT) ou **informations** ou **actualités télévisées** (parfois **actualités régionales** ou **journaux régionaux**).

Les **documentaires**, les **grands reportages**, les **grands magazines d'information**, les **débats** et les **face-à-face**.

Les **reportages** et **retransmissions** sportives ou artistiques.

Les **films**, les **téléfilms** (en une ou plusieurs parties) ; les **feuilletons**, les **séries policières** (en plusieurs épisodes).

LE LANGAGE DE LA TÉLÉVISION ET DE LA RADIO

TV   télévision
TF1   première chaîne de TV
FR 2 France 2
FR 3 France 3
C+   Canal +
FR 5 France 5 (Arte + cinquième chaîne)
M6   Sixième chaîne.
+ chaînes du câble *.

RFI   Radio France Internationale
RTL   Radio Télé Luxembourg
RMC Radio Monte-Carlo
TMC Télé Monte-Carlo
BBC British Broadcasting Corporation
RTB Radio Télévision Belge
   etc.

Quelques sigles :
MF   Modulation de Fréquence
VF   (pour un film) Version Française d'un film tourné
      en langue étrangère
VM   Versions Multiples
VO   (pour un film) Version Originale : les dialogues
      sont dans une langue étrangère
-10 Interdit aux moins de 10 ans.

Un **flash d'actualité** ou **d'information** est un message d'information urgent, très court, qui peut venir interrompre à tout moment le cours d'une émission.

Un **flash de publicité** (la **pub**) est aussi appelé **spot publicitaire** : il dure plusieurs secondes.

Un **jingle** est un bref morceau de musique introduisant ou accompagnant une émission (on dit aussi un **indicatif**) ou un message publicitaire.

Le **générique** est la liste, qui passe sur l'écran, des noms des acteurs, des techniciens qui ont tous collaboré à un film ou à une émission.

LA RADIO, LA TÉLÉVISION ET LES MÉTIERS

À la télévision, le **speaker** * ou la **speakerine** *, l'**animateur** ou l'**animatrice**, le **présentateur** ou la **présentatrice** présentent les programmes, animent des émissions.

Le ou la **journaliste**, le **commentateur** ou la **commentatrice**, le **présentateur** ou la **présentatrice** présentent les journaux télévisés (ou JT).

Les émissions sont filmées par un **cameraman**. Le **perchman** (le ou la **perchiste**) prend le son, l'**ingénieur du son** veille à la bonne qualité du son. Le (ou la) **reporter** fait des reportages que monte le **monteur** (ou la **monteuse**).

Pour faire une émission, de variétés par exemple, le **producteur** (la **productrice**) apporte des idées ; le **réalisateur** (la **réalisatrice**), aidé de son équipe de **techniciens** (**opérateurs**...), traduit en images les idées du producteur et signe l'émission.

Au-dehors, on envoie des **reporters** et un **car de reportage** pour filmer des événements sur place.

À l'intérieur, on enregistre une émission sur un **plateau**, dans des **studios**. La **régie** est l'endroit où l'on mélange l'image et le son, où l'on achève la mise au point d'une émission.

LE SAVEZ-VOUS ?

• La **Maison de la Radio** se trouve à Paris dans le 16ᵉ arrondissement, 116, avenue du Président-Kennedy. On peut la visiter, ainsi que le musée où sont exposés les premiers postes de radio et de télévision.

• C'est **Édouard Branly** qui est à l'origine de l'invention de la radio en 1890-1891.

• C'est **John Logie David**, ingénieur britannique, qui a inventé la télévision en 1926.

• Un **indice d'écoute**, l'**audimat**, correspond au pourcentage de personnes qui, dans toute la France, écoute la même émission au même moment. Par exemple, « L'indice d'écoute de l'émission X était de 40 % » veut dire que, parmi les personnes devant leur poste ce jour-là, 40 % suivaient l'émission X.

• La **taxe** (ou **redevance**) **audiovisuelle** est un impôt que l'on doit payer, en France, pour avoir le droit de posséder une télévision.

Voir aussi LE CINÉMA

34. LA RUE

Dans une rue, on marche sur les **trottoirs**, les voitures roulent sur la **chaussée** *. Des personnes attendent le bus à l'arrêt de bus (ou sous l'**Abribus** *). On peut poster son courrier dans les **boîtes aux lettres** que l'on trouve sur les trottoirs, on peut téléphoner d'une **cabine téléphonique**. On paie le stationnement de sa voiture en retirant un ticket dans un **parcmètre** * (ou **horodateur**). Dans les grandes villes, il y a des **bouches de métro** *. Des **lampadaires** éclairent la rue, les piétons traversent sur les **passages cloutés** lorsque le feu est rouge. Les voitures circulent lorsque le feu est vert. Deux rues se croisent à un **carrefour** (ou croisement).

LA RUE ET LES VERBES

Lorsqu'une ville décide de **créer** une nouvelle rue, elle doit la faire **tracer, percer, creuser, construire**. Une fois la rue terminée, on l'**inaugure** * en **dévoilant** la plaque (qui porte le nom de la rue). Ensuite, elle **est ouverte** au public et à la circulation.

Une rue peut **être droite** ou bien **bifurquer** (tourner quelque part). Elle peut **border** un quai, **déboucher** ou **tomber** *(fam.)* **sur** une autre rue ou **dans** une impasse * ou **conduire, mener, aboutir à** une place. Deux rues **se coupent, se croisent, s'entrecoupent, s'entrecroisent**.

Les passants **empruntent, prennent** ou **reprennent** une rue, l'**arpentent** *, la **suivent**, la **poursuivent** ou la **quittent** pour une autre rue. Ils y **marchent** ou **s'y promènent** : ils **montent, remontent** ou **descendent** une rue, **traversent** la chaussée *, **passent** dans une rue, **tournent** dans la rue suivante. Lorsqu'un passant ne se retrouve pas dans une ville, on le **guide**, on lui **indique** une rue, on lui **montre** son chemin.

Les voitures **vont, viennent, circulent, passent** dans la rue (*voir aussi* LES TRANSPORTS).

Les employés de la voirie * **font la réfection** * des rues, **entretiennent, déblaient** *, **balaient** les rues. Les ouvriers la **pavent**, l'**aplanissent**, la **bitument**.

LA RUE ET LES ADJECTIFS

Dans une ville, il y a des rues **principales, centrales** (les plus **importantes**) et des rues **adjacentes** *, **transversales** *, **parallèles, latérales** * ou **écartées**.

Une rue **facile d'accès** est **praticable** ; sinon, elle est **obstruée, bloquée, encombrée** par un embouteillage, par exemple. Quand il y a des travaux, elle est **déviée** * ou **barrée, interdite** à la circulation, **impraticable**.

Une rue où les passants sont nombreux est une rue **passante, fréquentée** et même **grouillante, bruyante**. Quand il s'y trouve beaucoup de commerces, elle est **commerçante, animée**. À l'inverse, une rue **déserte, solitaire** est très **calme**.

Une rue est très **agréable** quand elle est **fleurie, bordée** d'arbres, **claire, ensoleillée**. Le soir, elle peut être **illuminée** ou **éclairée**. En revanche, une rue **mal éclairée** est **sombre, obscure**.

Une rue peut être **longue** ou **courte** ; **grande** ou **petite** ; **étroite** ou **large** ; **montante** ou **descendante** ; **directe, droite** ou **tortueuse** *.

Une rue n'a pas le même aspect selon qu'elle est ou

non **entretenue** : elle peut ainsi être **balayée** et **propre** ou bien **sale**, **jonchée** d'ordures.

Il existe des rues **boueuses**, **pierreuses**, **pavées**, **dallées** *, **cimentées** ou **goudronnées**, **bitumées**.

Une rue **mal fréquentée**, **mal famée** * est **dangereuse**, **peu sûre**.

Une rue **piétonne**, **piétonnière** * est uniquement réservée aux piétons, les voitures y sont interdites.

DIFFÉRENTES SORTES DE RUES

La **rue** est une **voie de passage**, de ville ou de village, bordée de trottoirs et de maisons. La **grande rue** est généralement la rue principale. Elle est très longue. La **chaussée** * est le centre de la rue, où circulent les véhicules.

Une **artère** est une grande voie de communication dans une grande ville.

L'**avenue** est une large rue, généralement plantée d'arbres, tout comme le **boulevard**.

Le **quai** est une rue (ou une avenue) cimentée et plate longeant un cours d'eau.

La **voie** est un grand chemin menant d'un lieu à un autre. Ainsi, la rue est une **voie de communication**.

Une **impasse** * est une petite rue sans **issue** * ; de même, un **cul-de-sac** est un chemin qui ne mène nulle part.

La **ruelle** est une petite rue étroite, bordée de maisons rapprochées.

Le **cours** est un lieu de promenade planté d'arbres.

LOCUTIONS ET EXPRESSIONS

Quand des gens décident de manifester *, de défiler *, ils **descendent dans la rue**.

Ça court les rues ! *(fam.)* veut dire : c'est très commun, très banal.

Quand on jette quelqu'un dehors, entièrement démuni,

on le **jette**, on le **met à la rue** ; il **se retrouve**, il **est à la rue**.

Les rues en sont pavées signifie : il y en a beaucoup, à volonté.

L'homme de la rue est une façon de dire « n'importe qui ».

Quand, dans une ville, on se rend à un endroit que l'on ne connaît pas, on **cherche sa rue**.

Une maison peut avoir des fenêtres qui **donnent**, qui **ouvrent sur la rue**.

LES PANNEAUX DE LA RUE

Dans la rue, on voit beaucoup d'**affiches** sur les **murs**. De grands **panneaux publicitaires** se dressent dans les grandes villes.

On voit aussi des **signes** tracés en blanc ou en jaune sur la chaussée et des **panneaux de signalisation** * : l'automobiliste doit les respecter ; il suit en cela le code de la route.

Voici le sens des panneaux les plus courants que l'on trouve dans les rues : sens unique ; sens interdit ; stationnement interdit ; stationnement réglementé ; stop ; feu tricolore ; arrêt interdit ; sortie d'école ; interdit de tourner à droite ; interdit de tourner à gauche...

(À propos de la circulation, *voir aussi* LES TRANSPORTS.)

Sens unique   Sens interdit   Stationnement interdit

Stop   Endroit fréquenté par les enfants

LA RUE ET LES MÉTIERS

Les **policiers**, les **agents de police** règlent la circulation.

Le (ou la) **contractuel(le)** dresse des **contraventions** * aux automobilistes qui, par exemple, sont mal garés.

Les **éboueurs** sont des employés chargés de l'enlèvement des ordures ménagères, des poubelles.

Les **égoutiers** sont chargés d'écurer (de nettoyer) et d'entretenir les égouts.

L'**employé de la voirie** *, le **cantonnier**, le **balayeur** doivent veiller à l'entretien et à la propreté de la rue.

Enfin, dans la rue on peut croiser des **facteurs** (ou préposés au courrier) distribuant le courrier, des **ouvriers** et des **employés du gaz**, **de l'électricité**, etc.

L'ADRESSE

Voici comment écrire, composer une adresse courante pour qu'une lettre ou un paquet arrive à sa destination exacte dans une ville :

Monsieur Jules DUPONT	Nom + prénom précédés de Monsieur, Madame ou Mademoiselle
24 rue du Levant	Numéro et nom de la rue ou de l'avenue, ou du boulevard...
75003 PARIS	Code postal + nom de la ville

On peut abréger le mot « avenue » : **Av.**, ou « boulevard » : **Bd**.

Quelquefois, il faut mentionner le **numéro** de l'immeuble, du bâtiment, de la résidence ou de l'escalier.

Si l'on écrit à l'étranger, on peut envoyer sa lettre **par avion**, en indiquant VIA AIR MAIL (ou PAR AVION) sur l'enveloppe et en inscrivant sous l'adresse du destinataire le **nom du pays** où il réside.

35. LES SAISONS ET LE TEMPS (CLIMAT)

Une année se divise en quatre saisons : printemps, été, automne, hiver.

C'est **le cycle des saisons**.

Le **printemps** (21 mars-20 juin) est la **saison du renouveau**. C'est le réveil de la nature : les arbres bourgeonnent, les premières fleurs apparaissent et les hirondelles reviennent.

L'**été** (21 juin-20 septembre) est la **belle saison**. Ce sont les beaux jours. La chaleur est parfois pesante, il y a des orages. Les troupeaux montent dans les alpages. Les grandes vacances se situent en été. Les gens les prennent seuls ou avec leurs enfants, en famille, ou avec des amis.

L'**automne** (21 septembre-20 décembre) est l'**arrière-saison**, souvent accompagnée de brumes et de brouillards matinaux. Les feuilles jaunissent, puis tombent. C'est le temps des **vendanges** * et de la chasse.

L'**hiver** (21 décembre-20 mars) est la **mauvaise saison**, la saison du froid, de la neige, de la glace et du gel. Mais c'est aussi le temps des fêtes de fin d'année et des sports d'hiver. Certains animaux **hibernent** *. Les arbres sont dépouillés.

LES SAISONS

LES SAISONS ET LES VERBES

Si nous **sommes** le 21 mars, nous **quittons** l'hiver et nous **entrons** dans une nouvelle saison : le printemps. Le printemps **commence** le 21 mars et **finit**, **se termine**, **s'achève** le 20 juin. Puis **commence** l'été, suit l'automne et enfin **vient** l'hiver : voilà le cours, le rythme des saisons. Les quatre saisons **s'écoulent**, **passent**, **se suivent**, **se succèdent**, **se déroulent** ainsi chaque année.

LES SAISONS ET LES ADJECTIFS

Le 1er mars, on peut dire que la saison est **bien avancée** puisque l'on n'est plus qu'à vingt jours de la **nouvelle** saison : le printemps.

Il y a de **bonnes** ou de **mauvaises** saisons ; des saisons **rigoureuses** * ou des saisons **douces** ; des saisons **chaudes** ou **froides** ; **pluvieuses** ou **ensoleillées**. Pour un cultivateur, une saison **pourrie** est une saison où il a trop plu ou grêlé et où les récoltes sont abîmées, mauvaises.

Dans les régions **tropicales** *, on distingue la saison **sèche** (où il ne pleut pas) et la saison **humide** (où il tombe beaucoup d'eau).

Une fleur **printanière** est une fleur qui s'épanouit au printemps. La saison **estivale** est la saison d'été. Un temps **automnal** est un temps d'automne. Le froid **hivernal** est un froid d'hiver.

LOCUTIONS ET EXPRESSIONS

Une **marchande des quatre-saisons** était une personne qui se déplaçait avec une charrette remplie de fruits et légumes de saison qu'elle vendait dans les rues.

L'**ouverture de la pêche, de la chasse** signifie que celles-ci sont légalement autorisées à partir de certaines dates de l'année.

La **saison des amours** désigne la saison où s'accouple une espèce animale.

À la **saison des foins, des vendanges** *, on va couper et ramasser les foins, cueillir les raisins mûrs.

Des fleurs qui poussent toute l'année poussent **en toutes saisons**.

La **morte-saison**, pour un commerce ou une entreprise industrielle, est une période où l'activité, les affaires sont habituellement très ralenties.

LE TEMPS QU'IL FAIT

LE TEMPS ET LES VERBES

La météo(rologie) * **annonce, note, enregistre** * un beau temps sur une région. Nous **jouissons, bénéficions**, nous **sommes gratifiés** d'une vague de beau temps.

Mais ce n'est pas toujours le cas ; le beau temps, parfois, ne **persiste** pas et il arrive que le temps **varie, change, se rafraîchisse, fraîchisse, s'obscurcisse, s'assombrisse, se gâte, menace**. Ensuite, il peut y avoir un net retour au beau temps ; alors le temps **s'adoucit, s'éclaircit, se (re)met au beau** *.

LE TEMPS ET LES ADJECTIFS

Il fait **beau** : le temps est **splendide, superbe, magnifique, merveilleux** pour aller pique-niquer, **propice** * à la promenade, aux sports de plein air. Un temps **radieux** *, **idéal, calme, serein, clair** est un temps **lumineux**, un temps de vacances.

Il fait **gris** : le temps est **incertain, maussade** *, puis devient **sombre**, **frais (frisquet *)**, **bas**, **couvert**, **nébuleux** (le ciel est lourd de nuages), **menaçant**, **affreux**, même **épouvantable**, s'il y a une tempête. Quand il pleut, il fait un **vilain** temps, il fait **mauvais** (temps).

LES INSTRUMENTS ET LE TEMPS

Voici plusieurs instruments utilisés en météorologie * :

Le **baromètre** permet de prévoir les changements de temps.

Le **thermomètre** indique la température qu'il fait.

L'**hygromètre** sert à mesurer le degré d'humidité de l'air.

L'**anémomètre** sert à mesurer la vitesse du vent.

En météorologie, on tient compte des **vents**, mais aussi on essaie de prévoir la **grêle**, le **gel**, les chutes de **neige** et de **pluie**.

LA PLUIE ET LES VERBES

La pluie **menace**, **tombe** dru *, **cingle** *, **fouette** le visage, **crépite** sur le sol, **bat** le sol, **trempe** les passants, **transperce** les vêtements, puis **cesse**, **s'interrompt**, et parfois **recommence** à **tomber**.

LA PLUIE, LES NOMS ET LES ADJECTIFS

L'**ondée**, l'**averse** sont des pluies **fortes**, **battantes**, **subites** et **abondantes**.

Le **crachin** est une **petite** pluie **fine** et **pénétrante**.

Le **déluge** est une pluie **torrentielle**, **violente** et **diluvienne** (très **abondante**).

La pluie peut être **froide** ou **tiède**, **glacée**, **glaciale**. Il peut également tomber de la neige **fondue**.

197

LA NEIGE ET LES VERBES

La neige **tombe** : ses flocons **volent, virevoltent, tourbillonnent** dans l'air. La neige **recouvre, ouate** * le sol, **ourle** * *(litt.)* un mur, **ensevelit** les arbres. Les cristaux de neige **brillent, scintillent, luisent** à la lumière. La neige **s'amoncelle** *, **s'amasse** sur les pentes des toits et **forme** des couches de neige. La neige **craque** sous nos pas.

LA NEIGE ET LES ADJECTIFS

La neige est **blanche** et souvent **bleutée** au soleil. Elle peut être d'une blancheur **éclatante**, tomber très **serrée**, être très **froide, persistante** ou **fondante**. Une neige **tombée** récemment est **fraîche, poudreuse**, ensuite elle devient de la neige **fondue** ou se givre *, se glace sur le sol (en formant du verglas s'il fait extrêmement froid).

LE BROUILLARD ET LES VERBES

Le brouillard **tombe, couvre** la terre, l'**envahit, s'épaissit, se répand, inonde, enveloppe, recouvre** mille choses, puis **se lève, se dissipe** *.

LE BROUILLARD ET LES ADJECTIFS

Un brouillard peut être **dense** *, très **épais, opaque** * (à couper au couteau ; on l'appelle familièrement : purée de pois) ou bien **léger, flottant** au point que l'on distingue nettement les objets ; la brume est un brouillard **léger**.

Il peut être **humide** et **froid** ; un brouillard **givrant** porte des gouttelettes d'eau qui forment du givre à la surface du sol.

LES SAISONS ET LE TEMPS (CLIMAT)

LE VENT ET LES VERBES

Le vent **se lève, bruit, grandit, souffle, siffle, mugit** *, **hurle, se déchaîne**, puis **faiblit, tombe, s'apaise, se calme** ; alors le bruit d'un vent léger nous **berce**.

LE VENT ET LES ADJECTIFS

Il existe des vents **légers, doux** et **caressants** mais aussi des vents **violents, furieux, terribles, impétueux** *. Il y a des vents **tièdes** ou bien **froids, glaciaux** ; **faibles** ou **forts**.

LOCUTIONS ET EXPRESSIONS

Fondre comme neige au soleil, c'est disparaître très vite.

Être blanc comme neige, c'est être complètement pur et innocent.

Dans la région, cette nouvelle **a fait boule de neige** veut dire qu'elle a pris de plus en plus d'importance.

Un **temps de chien** *(fam.)* est un très mauvais temps.

Quand on dit de quelqu'un qu'il est **ennuyeux comme la pluie**, c'est qu'il est très ennuyeux et gênant.

D'une personne très puissante qui décide de tout, on dit qu'elle **fait la pluie et le beau temps**.

On dit que les gens **parlent de la pluie et du beau temps** quand ils parlent de choses banales.

C'est du vent ! : ce n'est rien, c'est sans importance.

Voir aussi LE CIEL, LES ASTRES ET LES PLANÈTES

36. LE TEMPS (DURÉE)

On se situe dans le temps entre le **passé**, qui se trouve derrière nous, le **présent**, moment où l'on parle, et le **futur**, qui se trouve devant nous, dans l'avenir.

Sur le **cadran** * d'une montre sont dessinés les chiffres des douze heures du jour et de la nuit. La grande aiguille indique les heures et la petite aiguille les minutes. Parfois le jour, le mois et l'année sont aussi indiqués sur le cadran.

Au **cadran** de la montre, on peut lire l'heure qu'il est. En France, **l'heure d'été** va de fin mars à fin octobre, et **l'heure d'hiver** de fin octobre à fin mars. (*Ex.* : lorsqu'il est midi à l'heure solaire, il est 14 h à l'heure d'été, 13 h à l'heure d'hiver.)

LE TEMPS : VERBES, EXPRESSIONS ET LOCUTIONS

On ne peut pas toucher, ni goûter, ni entendre le temps : on le **compte**, on l'**évalue**, on le **lit** à sa montre.

Le temps **passe**, **s'écoule**, **fuit**, **s'enfuit**.

En semaine, si l'on **n'a pas le temps**, si l'on **manque de temps**, on est obligé de faire les choses rapidement : on **est limité par le temps**. En revanche, pendant les vacances, on **prend son temps** et l'on **passe le temps** agréablement.

Pour rentrer chez soi, si l'on habite loin, on **gagne du temps** en prenant un raccourci mais on **perd du temps** si l'on est pris dans un embouteillage ; alors, pour **rattraper le temps perdu**, on **se dépêche**.

Les savants **consacrent leur temps** à des recherches. Certaines personnes **gaspillent, perdent leur temps**, d'autres **occupent leur temps, tuent le temps** * en jouant aux cartes.

LE TEMPS ET LES ADJECTIFS

Un moment, un instant est toujours **fugitif, éphémère** *. Un emploi que l'on exerce pendant une période donnée est **temporaire, momentané** ou **provisoire** (avant d'être remplacé par un emploi **définitif**) ou **saisonnier** (le temps d'une saison).

Une époque située dans le passé est **antérieure, ancienne**, voire **archaïque** *.

Une époque située dans l'avenir est **postérieure, future**.

Les animaux **diurnes** vivent le jour, les animaux **nocturnes** vivent la nuit. Une personne qui vit la nuit est **noctambule** (mais un être humain, un animal qui peut voir la nuit est **nyctalope**).

Voici plusieurs adjectifs qui indiquent une fréquence dans le temps (par ordre décroissant). Prenons l'exemple du journal :

Un journal est **quotidien (journalier)** quand il paraît chaque jour, **hebdomadaire** (chaque semaine), **bihebdomadaire** (deux fois par semaine), **mensuel** (chaque mois), **bimensuel** (deux fois par mois), **trimestriel** (chaque trimestre *), **semestriel** (chaque semestre *), **annuel** (une fois par an).

LES DIVISIONS DU TEMPS

Un **millénaire** comprend dix siècles. Un **siècle** se compose de cent **ans** ou de dix **décennies**. Chaque décennie représente dix années. Chaque année comprend 365 **jours**, sauf les années **bissextiles** (tous les quatre ans) qui en comptent 366.

Chaque année se divise en douze **mois** : janvier, février, mars, avril, mai, juin, juillet, août, septembre, octobre, novembre, décembre. Chaque période de trois mois est un **trimestre** * (les saisons durent chacune un trimestre). Chaque période de six mois est un **semestre** *.

Chaque mois compte 30 ou 31 jours (excepté le mois de février qui a régulièrement 28 jours, et 29 les années bissextiles). Les mois se divisent en **semaines**. Une semaine a sept **jours** : dimanche, lundi, mardi, mercredi, jeudi, vendredi, samedi.

Chaque **journée** comprend le **jour** et la **nuit** et se divise en 24 **heures** ; chaque heure en 60 **minutes**, chaque minute en 60 **secondes**, chaque seconde en **dixièmes** et en **centièmes** de seconde.

Une période de dix jours est une **décade** *.

LES INSTRUMENTS INDIQUANT LE TEMPS

Qu'on la porte au poignet, autour du cou, dans une poche au bout d'une chaîne, comme bague parfois, la **montre** indique l'heure qu'il est à tous les moments de la journée. L'**horloge** sonne les heures, tout comme le **coucou** *. La **pendule**, la **pendulette**, le **réveil**, le **réveille-matin**, le **radio-réveil** nous donnent l'heure. En musique le **métronome** * rythme le temps. Dans la cuisine, le **sablier** *, le **minuteur** de cuisson permettent d'assurer une cuisson pendant un temps précis, un certain nombre de minutes. Un **chronomètre** * est utilisé pour mesurer le temps d'une épreuve sportive.

Une **minuterie** permet de régler le temps sur un appareil (d'éclairage, d'enregistrement, de cuisson) qui se déclenche et s'arrête automatiquement.

Le **calendrier**, l'**agenda** *, l'**éphéméride** *, l'**organiseur** * indiquent les dates jour après jour d'une année.

LE TEMPS (DURÉE)

LE TEMPS : LES ADVERBES ET LES TOURNURES

Voici un grand-père qui aimait raconter ses souvenirs : il commençait toujours ses récits par **dans le temps** ou **avant, auparavant, jadis *, naguère *, il y a longtemps**...

Le conteur commence un conte par **il était une fois**...

Le journaliste, lui, évoque dans un article le temps actuel, présent : il commence par **maintenant, à présent, de nos jours, actuellement, en ce moment, aujourd'hui**. Parfois, il parle de l'avenir ; alors il commence par **bientôt, prochainement, demain, dans l'avenir, dans le futur**. Lorsqu'il parle du passé, il utilise les adverbes **jadis *, naguère *, dans le passé, avant, auparavant, hier, avant-hier**...

LE SAVEZ-VOUS ?

• La biennale est une manifestation qui a lieu tous les deux ans.

• L'heure n'étant pas la même d'un pays à l'autre, il y a un **décalage horaire** (par exemple, il y a environ 5 heures de décalage entre New York et Paris : lorsqu'il est 11 heures du matin à Paris [heure d'hiver [1]], il est 6 heures du matin à New York [et à l'heure d'été, lorsqu'il est 12 heures à Paris, il est 7 heures du matin à New York]).

En prenant comme référence l'heure d'hiver en France :

La France est à la même heure que certains pays d'Europe comme : la Belgique •, la Suisse •, les Pays-Bas •, l'Allemagne •, l'Autriche •... mais en décalage horaire plus ou moins important avec d'autres pays. La France a 5 heures de plus par rapport à Montréal •, Washington •, 4 heures de plus par rapport au Venezuela. Elle est à la même heure que le Sénégal. Elle a trois heures

---

1. Certains pays (ici, leur nom est suivi d'une puce •) varient d'une heure en cours d'année, passant ainsi de l'heure d'hiver à l'heure d'été, et vice versa.

de moins par rapport à Madagascar, 2 heures de moins par rapport à l'Égypte, 11 heures de moins par rapport à la Nouvelle-Calédonie, 7 heures de moins par rapport au Viêt-nam, entre 7 et 9 heures de moins par rapport à diverses régions de l'Australie, 8 heures de moins par rapport à Hong Kong, Singapour, Taiwan, la Chine, 5 h 30 de moins par rapport à l'Inde, 3 heures de moins par rapport à l'Irak •, au Koweit.

37. LES TRANSPORTS

Pour se rendre d'une ville à une autre ville éloignée, on ne peut arriver rapidement en marchant. Alors, on emprunte un moyen de transport : par **voie** * de terre, ou voie **terrestre**, comme le **train** ; par voie de mer, ou voie **maritime**, comme le **bateau** ; par voie des airs, ou voie **aérienne**, comme l'**avion**.

Il existe plusieurs moyens de transport dans les grandes villes : l'**autobus**, le **métro**, le **tramway**, le **taxi**, la **voiture**, le **vélo**, la **moto**, le **scooter**, les **rollers** *, la **trottinette**, le **skate**...

On peut arriver à Paris par le train, l'avion, le car ou la voiture. On peut arriver de Londres à Dieppe par bateau.

> *Voir aussi* LES AVIONS
> LES BATEAUX
> LES VOYAGES

LES TRANSPORTS ET LES VERBES

Pour **circuler** dans une ville, on **emprunte** un moyen de transport qui nous **mène**, nous **conduit**, nous **dépose** là où nous le voulons.

LES TRANSPORTS

On peut **se déplacer** avec son propre moyen de transport : en **marchant** grâce à ses jambes. On peut aussi **monter** sur une bicyclette, **rouler à** vélo.

LES TRANSPORTS ET LES ADJECTIFS

Les moyens de transport ou les transports sont **individuels** (comme le taxi) ou **collectifs** (le train, l'autobus, le métro, le tramway). On appelle couramment ces derniers les **transports en commun**. Les transports **urbains** sont ceux que l'on trouve dans une ville.

Les moyens de transport peuvent être **coûteux, onéreux** *, **chers** ou au contraire **abordables**. Ils peuvent être à **plein tarif** *, à **tarif réduit, demi-tarif** ou **gratuits**.

LE TRAIN

Le **chemin de fer** (le train) est le moyen de transport le plus utilisé.

LE TRAIN, LES VERBES ET LES NOMS

Le chef de train, le conducteur **est aux commandes** * de son train, il le **pilote**, le **conduit**.

Le voyageur **prend le train** à destination de la ville où il veut se rendre. Il **grimpe, monte en tête** (dans les premiers wagons, les plus proches de la locomotive), ou **en queue** (les derniers wagons) du train. S'il arrive en retard, il **saute, se précipite** dans le train ou **s'y engouffre** *. Selon l'horaire prévu, le train **se met en marche**, il **démarre** : il **s'ébranle** *, **quitte la gare, s'élance, roule, prend de la vitesse, franchit** un pont, **ralentit** à l'entrée d'un tunnel, puis il **s'arrête**, il **stoppe** dans une gare, à une station.

Le train **dessert** une ou plusieurs localités, puis **repart** et **s'arrête** au terminus. Les voyageurs **descendent, débarquent** du train.

En route, on peut croiser d'autres trains et si un train **télescope, tamponne** un autre train ou **déraille** *, il se produit une **catastrophe ferroviaire** *.

Le train **emporte, emmène, prend** des voyageurs. Il les **conduit**, les **mène**, les **dépose** à un endroit précis. Le voyageur doit **se munir** d'un **titre de transport** * : une carte, un billet, un ticket, un coupon qu'il **composte** avant de **monter** dans le train.

LE TRAIN ET LES ADJECTIFS

Quand il y a beaucoup de voyageurs dans un train, on dit qu'il est **bondé**.

Un train **omnibus** s'arrête dans chaque gare ou à chaque station. Si l'on est très pressé, on prend un train **direct**, **rapide** ou un (train) **express**, ou même un TGV.

Le train **ordinaire, régulier**, est un train que l'on peut prendre toute l'année selon des horaires fixes. Le train **spécial** est prévu pour une occasion précise. Le train **supplémentaire** permet de transporter de nombreux voyageurs en période de vacances.

LE TRAIN ET LES MÉTIERS

Le **chef de train**, le **chauffeur** ou **conducteur** conduit le train.

Le **mécanicien** veille au bon fonctionnement, entretient, répare la locomotive, la motrice.

L'**aiguilleur** donne la direction du train en dirigeant les aiguillages * (à droite ou à gauche...).

Le **contrôleur** donne des renseignements, vérifie les tickets et dresse une contravention * (inflige une amende) aux voyageurs sans titre de transport.

Le **chef de gare**, dans certaines petites villes, donne encore le signal de départ du train.

PLUSIEURS SORTES DE TRAINS ET DE WAGONS

Voici plusieurs sortes de trains : **turbotrain** *, **train de marchandises**, **de voyageurs**, **micheline** *, **diesel** *, **TGV** *. Il existe des **voitures**, des **wagons-restaurants**, des **wagons-lits** *(sleeping-cars)*, des **fourgons** (pour les animaux).

Il y a des **gares de voyageurs** mais aussi des **gares de triage** (où la séparation et le regroupement des wagons forment un convoi).

LE MÉTRO ET L'AUTOBUS

Voici deux autres moyens de transport : le **métro**, utilisé en ville et vers la banlieue, et l'**autobus**, utilisé en ville ou à l'extérieur de la ville (dans la campagne, on l'appelle souvent **autocar**, ou **car**).

Le métro

Le **métro** est un moyen sûr et rapide pour circuler et se rendre dans les divers endroits d'une grande ville. L'**usager** * descend dans une **bouche de métro** * pour **prendre** le métro. Après avoir suivi des couloirs et parfois emprunté des **escaliers mécaniques** ou un **trottoir roulant**, il **introduit** son ticket dans une **machine** ou bien présente un **passe**, puis franchit le **portillon automatique** et enfin arrive sur un quai. Quand la **rame** (du métro) arrive, il monte dans une **voiture**.

Il descend une ou plusieurs **stations** plus loin, sort du métro ou change de **ligne** * en prenant une **correspondance**. **Le métro peut être souterrain** ou **aérien** (à l'air libre).

L'autobus

L'**autobus** (le **bus**) peut assurer une **ligne** * régulière, il suit le même trajet d'un endroit à un autre d'une ville, les jours de semaine et les dimanches (avec des horaires différents en semaine et pendant les week-ends, les jours fériés, selon les saisons). Il se déplace dans les rues, sur les boulevards d'une ville, parfois sur une voie spéciale (**couloir de bus**). Le voyageur (ou l'**usager** *) attend l'arrivée du bus sous un **Abribus** *, une **aubette** (mot régional). Le bus prend en charge le voyageur qui **monte** dans le bus, présente une carte ou **oblitère** *, **composte** un ticket dans une machine avant de s'asseoir à une place. Le chauffeur **démarre**, puis **stoppe, s'arrête, marque l'arrêt** à chaque station tout au long du parcours, de la ligne.

LE SAVEZ-VOUS ?

• C'est **Fulgence Bienvenüe** (1852-1936) qui a construit le premier métro parisien. La station Montparnasse-Bienvenüe a gardé son nom.
• C'est **Denis Papin** (1647-vers 1712) qui a inventé le principe de la machine à vapeur à piston.
• L'Anglais **George Stephenson** fit circuler en 1825 le premier train de voyageurs tracté par une locomotive appelée « Active », puis « Locomotion ». Il établit la première grande ligne de chemin de fer (58 km) de Liverpool à Manchester entre 1826 et 1830.
• L'**Eurostar** qui relie, en passant sous la Manche, la France à l'Angleterre, a été mis en service en 1994. Ce train peut atteindre une vitesse de 300 km/h.
• La **SNCF** (Société Nationale des Chemins de Fer français) a été créée en 1938. Cette grande entreprise est nationale (elle appartient à l'État).
• Le **RER** (Réseau Express Régional) est un métro régional qui dessert Paris et sa banlieue sur des lignes électrifiées comme celles du chemin de fer.

38. LES VOYAGES

Dans une **gare**, sur un **quai**, dans un **port**, dans un **aéroport**, on croise des personnes qui partent en voyage, par le **train**, le **bateau** ou l'**avion**. On voyage pendant les vacances, les jours de congé, mais aussi pour le travail, pour aller rendre visite à quelqu'un. On voyage pour le plaisir de découvrir des pays, des paysages, des populations, des horizons nouveaux.

Ne dit-on pas que les voyages forment la jeunesse ?

LE VOYAGE ET LES VERBES

Lorsqu'on **fait** un voyage, on peut simplement **se déplacer**, **circuler**, **séjourner** * en un endroit, le **visiter**. Si l'on **voyage** beaucoup, on **navigue**, on **sillonne** (les mers, les routes), on **se dépayse** * dans un pays lointain, on **voit** du pays, on **parcourt**, **court** le monde.

Si l'on **vient**, **revient** sur un lieu important pour nous, on **fait** un pèlerinage.

On **entreprend** un voyage en bateau, en avion : on **embarque**, le voyage **s'effectue**, **se déroule** dans de bonnes conditions, sans trop de péripéties *. Ensuite, on **débarque**, on **descend à** terre : c'est la fin, le **terme** * du voyage.

Pour une raison ou pour une autre, on peut **avancer** ou

retarder, **remettre** (à plus tard) un voyage. On peut l'**inter-rompre** si un empêchement survient. Une fois le voyage **terminé**, on **rentre**, **retourne** chez soi. Là, on peut **raconter** son voyage, ses souvenirs de voyage.

LE VOYAGE ET LES ADJECTIFS

On peut faire un voyage **collectif** (en groupe) ou **individuel** (seul).

Un voyage peut être **long** (comme certaines croisières) ou **court** (une simple excursion) ; **beau**, **merveilleux**, **agréable** ou bien **désagréable**, **incommode** * ; **calme** ou bien **mouvementé**, **plein d'aventures**, de **péripéties** *.

Un **voyage organisé** se déroule en suivant un programme de visites précises.

Une tournée est un voyage **professionnel** (les artistes font des tournées) ; une exploration est un voyage **scientifique**. Un voyage entre planètes est **interplanétaire**.

DIFFÉRENTES SORTES DE VOYAGES

Voici plusieurs sortes de voyages : sur terre, on peut faire un **voyage de tourisme**, d'**agrément** *, un **safari** *, une **excursion**, une **randonnée**, une **promenade**... Sur mer, on fait une **course**, une **croisière**, une **traversée**...

Voici de longs voyages : le **voyage au long cours** (sur mer), le **voyage autour du monde**, le **périple** *.

Un voyage rempli d'aventures est une **odyssée** *. Les **pérégrinations** * sont des voyages au cours desquels on effectue des déplacements en de nombreux endroits.

Quand on visite un pays, on fait un **circuit**.

Quand beaucoup de gens sont obligés de quitter leur pays, leur région, c'est un **exode**.

Quand on n'a plus le droit de vivre dans son pays, on part en **exil**.

L'**émigration** est le départ d'un pays pour aller se réfugier, s'installer dans un autre pays (où l'on devient un **immigré**).

Le **voyage de noces** suit le mariage : les jeunes mariés partent faire un beau voyage.

CEUX QUI VOYAGENT

Celui qui voyage pendant ses vacances dans une région, un pays, peut être un **vacancier**, un **touriste**, un **voyageur**, un **estivant** (en été).

Celui qui parcourt le monde est un **globe-trotter**.

Celui qui va à la découverte d'un endroit, d'un pays, est un **explorateur**.

Celui qui aime voyager en prenant des risques est un **aventurier**.

Celui qui voyage à bord d'un bateau, d'un avion est un **passager**.

Celui qui fait un pèlerinage est un **pèlerin** ; une promenade : un **promeneur** ; une randonnée : un **randonneur** ; une excursion : un **excursionniste**.

Il y a aussi ceux dont la profession implique de beaucoup voyager comme le **représentant de commerce**, qu'on appelait autrefois le **commis voyageur** * ; jadis, il existait beaucoup de petits marchands **ambulants** * : des **colporteurs**...

LES MOYENS DE VOYAGER

Le plus simple des moyens est de voyager **à pied**.

Si l'on voyage dans une région, on peut effectuer son trajet **en auto** (faire de l'**auto-stop** *), **à bicyclette**, à **moto(cyclette)**. En vacances, on roule dans un **camping-car** (car aménagé pour y vivre) ou en **quatre-quatre** * sur des terrains difficiles ; on **tracte** * une **caravane**, ou bien on emprunte un **car de tourisme**, un **autocar**.

Si l'on se rend à l'étranger ou dans une ville éloignée, on peut utiliser le **car**, le **train**, l'**avion**, le **bateau**.

Si l'on traverse les mers, les océans, on emprunte le **bateau**, le **ferry**, le **paquebot**, l'**hydroglisseur** *...

On peut préférer sur de longues distances prendre l'**avion** ou encore voyager **en chemin de fer**, prendre le **train**. On peut aussi, suivant les pays où l'on se trouve, les coutumes et les chemins, voyager **à cheval**, **à dos d'âne**, **de chameau**, **de mulet**...

> *Voir aussi* LES AVIONS
> LES BATEAUX
> LES TRANSPORTS

LES ÉTAPES DES VOYAGES

Quand on fait un long voyage, on marque toujours un **arrêt**, on fait une **halte**, fait **étape** dans une ville : on descend dans un **relais**, un **hôtel**, une **auberge**, un **restaurant**, un **motel** *...

Quand on est en bateau, en avion, on fait une **escale** dans une ville, un port. On arrive et on descend au **débarcadère**, sur le **quai** pour le bateau, ou à l'**aéroport** pour l'avion.

LOCUTIONS ET EXPRESSIONS

Les voyages forment la jeunesse veut dire que les voyages apprennent aux jeunes à s'ouvrir au monde, à avoir de nouvelles expériences, à comprendre la vie.

Les **saltimbanques** * étaient des comédiens indépendants qui se déplaçaient de ville en ville.

Les **gens du voyage** sont des personnes qui vont d'une

ville à l'autre, généralement dans des roulottes, des caravanes ou des vans ; ils sont **nomades** *.

LE VOYAGE ET SES PRÉPARATIFS

Pour un voyage, on peut emporter des bagages : **malle, valise, mallette, trousse de voyage, sac à dos, coffre**...

On peut se munir également d'un **appareil photo**, d'un **Camescope**, d'une **caméra**, d'un **magnétophone**.

On emporte aussi une **carte** (routière) pour suivre un **parcours**, un **itinéraire**. On consulte des **horaires** (de trains, d'avions...), un **guide**, les **prospectus** des endroits où l'on se rend.

On achète un **billet aller-retour**, un **aller simple** ou un **retour** simple, si l'on voyage par **train, avion, bateau** ou **autocar**. Le billet est **plein tarif** * (on paie le prix normal) ou **demi-tarif** (on paie la moitié du prix) ou **à tarif réduit** (on paie moins que le tarif normal : c'est le cas pour des voyages de groupes).

On se renseigne sur l'histoire d'un pays, ses possibilités de logement, les visites proposées au **syndicat d'initiative** * en France, aux **offices de tourisme** *, et aux **consulats** *, aux **ambassades** * dans les pays étrangers.

En France, on circule et on paie avec l'**euro** ainsi que dans les autres pays de la Communauté européenne. Dans les autres pays étrangers, on **change son argent** sur place en **devises étrangères** * ou on emporte des **chèques de voyage** (*voir* L'ARGENT ET LES MONNAIES).

Si l'on part à l'étranger, il ne faut pas oublier ses **papiers** : sa **carte d'identité** (pour la Suisse par exemple), son **passeport** (comme pour le Canada) ; quelquefois on doit emporter un **carnet de vaccination** (comme pour l'Égypte). Dans certains pays comme les États-Unis, il faut obtenir un **visa** (droit d'entrée) pour être autorisé à passer la frontière et séjourner un certain temps dans ce pays.

LEXIQUE

Attention : dans ce lexique, ne sont indiqués que **les sens et les définitions des mots tels qu'ils apparaissent dans le thème traité.** Beaucoup de ces mots ont d'autres sens généraux ou bien liés à d'autres domaines mais ceux-ci ne sont pas indiqués, car ils ne sont pas utiles à connaître dans le contexte en question. Vous pouvez vous reporter à un dictionnaire usuel pour les découvrir.

Les termes indiqués en *italique* avec un astérisque * renvoient à leur définition dans le lexique. *Ex.* : les régions *tropicales* *.

A

abbaye, *n.f.* Couvent dirigé par un abbé ou une abbesse, abritant des moines ou des moniales (religieuses) qui vivent en communauté.

ablette, *n.f.* Petit poisson aux écailles argentées qui vit en groupe en eau douce.

abrégé, *n.m.* Ouvrage qui résume une question, une discipline, un domaine.

Abribus, *n.m.* (Nom déposé.) Abri moderne où les gens attendent le bus à un arrêt ou une station de bus.

abrupt(e), *adj.* Se dit d'une pente à la verticale, très raide.

abside, *n.m.* Partie arrondie d'une église qui se trouve tout au fond, après le *chœur* *.

acajou, *n.m.* Arbre exotique dont le bois rouge très foncé est utilisé en ébénisterie et en menuiserie.

accidenté(e), *adj.* Qui présente des irrégularités, des bosses, des creux, en parlant d'un sol.

accoster, *v.* S'approcher au plus près du bord d'une côte, d'un quai (en parlant d'un bateau).

accoupler, *v.* Faire s'unir (pour la reproduction) deux animaux, mâle et femelle.

adjacent(e), *adj.* Qui est voisin de.

administrer, *v.* Gérer des affaires, les diriger.

adonner à (s'), *v.* Se livrer à, pratiquer quelque chose.

adret et **ubac**, *n.m.* L'« adret » est le versant de montagne exposé au soleil, le versant opposé s'appelant l'« ubac ».

agenda, *n.m.* Carnet ou cahier où figurent tous les jours de tous les mois d'une année et sur lequel on note tout ce que l'on doit faire, les rendez-vous, etc.

agrément (jardin d'), *n.m.* Jardin arrangé agréablement, ornemental, qui est fait pour le plaisir.

aiguillage, *n.m.* Orientation qui peut être donnée par une personne (avion) ou par un dispositif (train).

aiguilleur du ciel, *n.m. + compl.* Personne chargée d'autoriser ou de refuser l'atterrissage et le décollage des avions dans un aéroport.

aileron, *n.m.* Petit volet mobile placé à l'arrière de l'aile d'un avion.

aire (d'envol), *n.f.* Piste d'où les avions s'envolent (≠ aire d'atterrissage).

ajonc, *n.m.* Arbuste à fleurs jaunes et petites feuilles qui porte des épines (le **c** final ne se prononce pas).

alcalin(e), *adj.* Qui contient naturellement des sels de métaux alcalins (c'est-à-dire ayant la propriété de l'alcali, hydroxyde), avant tout calcium et sodium.

alcyon, *n.m. (mythol. grec.).* Oiseau marin fabuleux dont l'apparition était regardée comme un heureux présage.

alluvions, *n.f.pl.* Substances diverses (boue, graviers, etc.) laissées par un cours d'eau et créant des dépôts importants en certains endroits.

altimètre, *n.m.* Appareil qui sert à mesurer l'altitude.

ambassade, *n.f.* Résidence d'un ambassadeur, l'agent qui représente officiellement son pays dans un pays étranger.

ambulant(e), *adj.* Qui se déplace, ne reste pas sur place.

aménager, *v.* Régler les coupes et l'exploitation d'une forêt.

amonceler (s'), *v.* Se mettre en tas.

amorcer, *v.* Mettre en train, commencer.

amortir (un bruit), *v.* Rendre un bruit beaucoup plus faible.

amphibie, *adj.* Qui vit à la fois dans l'air et dans l'eau.

amphithéâtre, *n.m.* Dans une université, grande salle en demi-cercle où l'on s'assoit sur des rangées de gradins disposées de bas en haut.

amphore, *n.f.* Vase muni de deux anses servant dans l'Antiquité à la conservation et au transport d'aliments.

ancrer, *v.* Jeter l'ancre au fond de l'eau pour immobiliser un navire (*voir mouiller* *).

anguille, *n.f.* Poisson des eaux douces, au corps très étroit et très long qui se faufile facilement sous les rochers, et que l'on pêche pour consommer sa chair fine.

antenne, *n.f.* Connexion permettant à quelqu'un de passer en direct ou de faire en direct une émission.

à point (être), *loc.* Parfaitement bon, au meilleur moment de la maturité pour être savouré (en parlant d'un fruit).

appareiller, *v.* Quitter le port pour un départ en mer (en parlant d'un bateau ; *voir larguer les amarres**).

apparenté(e), *adj.* Qui est parent, qui a un lien de famille avec...

appât, *n.m.* À la pêche, nourriture que l'on accroche à l'hameçon pour attirer, attraper le poisson.

appointements, *n.m.pl.* Paie fixe, mensuelle ou annuelle, accordée pour un emploi régulier.

aqueduc, *n.m.* **1.** Canal qui conduit l'eau d'un lieu à un autre par voie souterraine ou aérienne. **2.** Pont qui permet de faire passer ce canal au-dessus d'une vallée.

arc-boutant, *n.m.* Construction extérieure en forme d'arc de pierre, destinée à soutenir les murs d'une église.

archaïque, *adj.* Très ancien.

archéologique, *adj.* Qui se rapporte aux vestiges ou restes (objets, lieux...) retrouvés des civilisations anciennes qui permettent de déterminer les vies des très anciens temps de l'histoire de l'humanité.

architecture, *n.f.* Art d'imaginer et de construire des édifices.

argentin(e), *adj.* Qui résonne de façon claire comme l'argent.

armer ou **équiper (un bateau)**, *v.* Le munir de tout ce dont il a besoin pour un voyage en mer.

arpenter, *v.* Parcourir, marcher à grands pas, de long en large, dans un endroit.

ascendance, *n.f.* Ensemble des personnes dont une génération est issue.

assécher, *v.* Retirer l'eau d'un endroit, le faire devenir sec.

assidu(e), *adj.* Fidèle par la fréquentation, la présence régulière.

assiduité, *n.f.* Régularité constante d'un élève à être présent aux cours.

assiéger, *v.* Faire le siège d'une ville, c'est-à-dire mener des opérations contre une ville ennemie pour la faire céder et s'en emparer.

assimilé(e), *adj.* Intégré dans le corps.

audible, *adj.* Que l'on entend aisément, suffisamment fort (en parlant d'un bruit) pour être entendu.

au fort de, *loc.* Au cœur de, à l'endroit le plus dense.

autel, *n.m.* Table devant laquelle se déroulent les cérémonies religieuses.

autoradio, *n.m.* Appareil de radio spécialement conçu pour être placé dans une automobile.

auto-stop, *n.m.* Fait d'arrêter au bord de la route des automobilistes pour demander qu'ils vous transportent dans leur voiture d'un endroit à un autre.

avalanche, *n.f.* Énorme quantité de neige qui se détache brutalement de la montagne et descend en entraînant tout sur son passage.

avarié(e), *adj.* Qui a passé la date d'être consommé, qui est *gâté* *.

avers, *n.m.* Face d'une pièce de monnaie, ou d'une médaille.

B

babiller, *v.* Faire entendre constamment sa voix, son chant (en parlant d'un très jeune enfant ou d'un oiseau).

bac, *n.m.* Grand bateau large et plat qui sert à relier deux côtes en transportant des marchandises, des véhicules et des passagers.

ballotté(e), *adj.* Mené d'un endroit à un autre, dans un sens et dans un autre.

baobab, *n.m.* Arbre des régions *tropicales** dont le tronc peut atteindre 25 m de circonférence et dont on peut consommer le fruit.

barbillon, *n.m.* Filament servant pour le goût et l'odorat placé des deux côtés de la bouche chez certains poissons.

bas-côté, *n.m.* Partie intérieure de l'église formant chaque côté extérieur de la *nef* *.

basilique, *n.f.* Église très importante.

bas-relief, *n.m.* Sculpture en faible relief sur la surface d'un monument.

bastide, *n.f.* En Provence, maison de campagne pouvant être de taille importante.

bataille, *n.f.* Jeu de cartes qui se joue à deux, et où la carte la plus forte l'emporte sur celle – plus faible – de l'adversaire.

bateau-citerne, *n.m.* Bateau servant au transport de liquides (pétrole, vin, etc.).

bateau-phare ou **bateau-feu**, *n.m.* Bateau muni d'un phare et qui se tient près des endroits dangereux en mer.

battre (monnaie), frapper (la monnaie), émettre (de la monnaie), *v.* Fabriquer de la monnaie (pièces et billets).

becqueter, *v.* Manger en picorant avec le bec (en parlant des oiseaux).

belote, *n.f.* Jeu à deux ou plusieurs joueurs, que l'on joue avec 32 cartes par combinaisons de cartes entre elles.

bette (ou **blette**), *n.f.* Légume de la famille de la betterave constitué de grandes feuilles vertes avec une grosse côte blanche que l'on consomme, ainsi que les feuilles cuites comme des épinards.

bidonville, *n.m.* Ensemble de baraquements fabriqués à partir de matériaux de récupération, construit aux limites de grandes villes et où la population vit dans des conditions misérables.

biner, *v.* Gratter la terre avec une binette pour l'aérer ou pour en arracher les mauvaises herbes.

blason, *n.m.* Ensemble des signes et des figures qui symbolise une grande famille (armes et armoiries).

blet(te), *adj.* Excessivement mûr en parlant d'un fruit.

blette, *n.f. Voir bette* *.

bosquet, *n.m.* Groupe d'arbres ou petit bois.

bouche (de métro), *n.f.* Ouverture avec des escaliers qui permet l'accès à une station de métro.

bouquetin, *n.m.* Sorte de chèvre sauvage aux longues cornes annelées (formées d'anneaux) et recourbées.

branchie, *n.f.* Organe situé de chaque côté de la tête des poissons (et d'autres animaux vivant dans l'eau) par lequel ils respirent.

brassée, *n.f.* Très gros bouquet que l'on pourrait tenir entre deux bras.

breakfast, *n.m.* Petit déjeuner à l'anglaise qui comprend des céréales, des œufs frits, du bacon grillé, des saucisses, du pain, du beurre, de la marmelade ou confiture, etc. (mot anglais qui se prononce [brɛkfœst]).

brochet, *n.m.* Poisson d'eau douce long et étroit, aux mâchoires garnies de nombreuses dents, que l'on pêche pour le consommer.

brontosaures, *n.m.pl.* Reptiles du groupe des dinosaures, à quatre pattes, longs de vingt mètres.

brousse, *n.f.* Végétation d'arbres et d'arbustes dans les régions *tropicales**.

bruine, *n.f.* Sorte de pluie très fine, ressemblant à un brouillard mouillé.

bulbe, *n.m.* Partie de forme renflée de certaines plantes.

burlesque, *adj.* Qui repose sur la farce ; à la fois extravagant et absurde.

butanier, *n.m.* Bateau aménagé pour transporter du butane liquide.

butter, *v.* Entourer une plante d'un monticule de terre.

C

cabaret, *n.m.* Endroit dans une ville où l'on peut dîner ou danser, où des artistes (chanteurs, danseurs, mimes, amuseurs...) se produisent sur scène, généralement le soir et la nuit.

câble, *n.m.* Ensemble de fils groupés assurant des liaisons par télécommunication.

cachalot, *n.m.* Énorme *mammifère* * marin carnivore qui ressemble à la baleine et possède une tête très volumineuse.

cadran, *n.m.* Surface de forme variée sur laquelle sont indiquées d'un trait les douze heures du jour et de la nuit (pour une horloge, une montre) ou bien d'autres divisions (pour un baromètre).

caïque, *n.m.* Embarcation longue et étroite gouvernée par l'aviron, qu'on rencontre près des côtes de Turquie et de la mer Égée (mot d'origine turque).

cale, *n.f.* Partie d'un navire entre la *quille* * et le pont.

calibre, *n.m.* Grosseur, taille plus ou moins grande d'un fruit.

calorie, *n.f.* Unité de mesure de la chaleur et de l'énergie générées par les aliments dans l'organisme humain.

campagnol, *n.m.* Rongeur à la queue courte, qui est *nuisible* * aux récoltes.

canal, *n.m.* Voie de transmission d'informations ; chaîne.

cap-hornier, *n.m.* Grand voilier franchissant le cap Horn (à la pointe de l'Amérique du Sud).

caravelle, *n.f.* Aux XVᵉ et XVIᵉ siècles, navire à voiles et à trois ou quatre mâts (les trois caravelles de Christophe Colomb qui découvrit l'Amérique : la *Pinta*, la *Niña*, la *Santa María*).

cardeur, *n.m.* Personne qui lavait, démêlait et peignait les fibres textiles (notamment la laine).

cargo, *n.m.* Navire utilisé pour le transport de marchandises de diverses sortes.

carlingue, *n.f.* Partie de l'avion où se trouve le poste de pilotage.

carton-pâte, *n.m.* Matière de certains décors créés pour le cinéma.

castré(e), châtré(e), *adj.* (En parlant des animaux) dont on a coupé, ôté les organes sexuels pour éviter la reproduction.

catamaran, *n.m.* Embarcation à voile ou à moteur possédant deux *coques* * reliées entre elles.

catastrophe ferroviaire, *n.f.* + *adj.* Très grave accident de chemin de fer (déraillement, collision entre deux trains, etc.) au cours duquel des personnes sont tuées ou blessées.

cathédrale, *n.f.* Église principale de la ville où vit l'évêque.

caviar, *n.m.* Œufs d'*esturgeon* * préparés et salés qui se consomment et constituent un mets rare et coûteux.

centaure, *n.m. (mythol. grec.).* Monstre à buste d'homme et corps de cheval.

cerner, *v.* Encercler par des troupes.

cétacés, *n.m.pl.* Ordre auquel appartiennent les *mammifères* * marins de très grande taille ayant la forme de poissons (la baleine, le *cachalot* * sont des cétacés).

chaland, *n.m.* Bateau à fond plat servant au transport de marchandises sur les cours d'eau.

chalutier, *n.m.* Gros navire de pêche possédant un grand filet à l'arrière appelé « chalut ».

chamois, *n.m. Mammifère* * ruminant possédant des cornes recourbées qui vit dans les montagnes.

champ (de la caméra), *n.m.* Morceau d'espace que couvre l'« œil » de la caméra.

chapelle, *n.f.* Petite église où se trouve un seul autel. À l'intérieur d'une église, espace enclos où se trouve un autel.

charade, *n.f.* Jeu qui consiste à deviner un mot à partir de plusieurs syllabes à trouver (*Ex.* : Mon premier sert à cuire, mon second est une note de musique, mon tout est lié à la cigale. Réponse : « fourmi »).

charité (fête de), *n.f.* Fête dont le but est de recueillir de l'argent pour soutenir une œuvre charitable (pour assister ceux qui en ont besoin).

charme, *n.m.* Arbre à bois blanc, atteignant 25 m de haut au maximum, qui porte des fleurs appelées « chatons ».

charrier, *v.* Entraîner, transporter.

châtré(e), *adj. Voir castré* *.

chaussée, *n.f.* Partie de la rue où circulent les véhicules.

chébec ou **chebek**, *n.m.* (Anciennement) petit trois-mâts à rames et à voiles de la Méditerranée (mot d'origine arabe).

chétif (ive), *adj.* Qui manque de vigueur, frêle.

chimère, *n.f. (mythol. grec.)*. Monstre à tête de lion, corps de chèvre, queue de dragon.

chimiquier, *n.m.* Navire transportant des produits chimiques.

chlorophylle, *n.f.* Pigment qui donne la coloration verte des végétaux (se prononce [klɔrɔfil]).

chœur, *n.m.* Partie d'une église à l'extrémité de la *nef* * où se trouvent le prêtre et les chanteurs pendant l'*office* *.

chômage, *n.m.* Période où une personne n'a pas d'emploi et est à la recherche d'une nouvelle place, d'un nouvel emploi.

chronomètre, *n.m.* Appareil qui permet de mesurer très précisément le temps en minutes, secondes, fractions de seconde (surtout utilisé pour mesurer les performances sportives).

chrysalide, *n.f.* Larve de certains insectes qui, au cours de leur développement, passent un certain temps dans un cocon (ce mot se prononce [krizalid]).

cinéma d'art et d'essai, *n.m. + compl.* Cinéma dans lequel sont programmés des films de valeur reconnue – par un label officiel –, mais dont la diffusion au public reste limitée.

cinémascope, *n.m.* Procédé de cinéma qui consiste à placer l'image entre deux larges bandes noires horizontales, l'une en haut de l'image, l'autre en bas.

cingler, *v.* Frapper (en parlant d'une pluie battante) par des coups répétés qui ressemblent à des coups de fouet.

clapoter, *v.* S'agiter par petites vagues en émettant un léger bruit.

classé(e), *adj.* Un « monument classé » est reconnu comme appartenant au patrimoine historique, culturel ou artistique d'un pays, donc protégé et sauvegardé.

clocher, *n.m.* Tour de l'église où sont placées les cloches.

cloître, *n.m.* Partie d'un bâtiment religieux constituée d'une allée bordée de colonnes et de piliers qui entoure un jardin à quatre côtés.

cocher, *n.m.* Personne dont le métier était de conduire les calèches, et toute voiture à cheval.

cockpit, *n.m.* Dans un avion, cabine du pilote (mot anglais ; se prononce [kɔkpit]).

cognassier, *n.m.* Arbre fruitier qui produit des coings.

cognée, *n.f.* Hache à long manche utilisée pour abattre les arbres.

col, *n.m.* Endroit moins élevé faisant passage entre deux montagnes.

coller (un élève), *v.* Retenir un élève en lui imposant une punition.

comestible, *adj.* Que l'on peut manger, consommer sans crainte.

commis voyageur, *n.m. + adj.* (Anciennement) représentant de commerce.

compas, *n.m.* Se dit, pour les marins, de la boussole qui leur sert à s'orienter (ne pas confondre ce sens avec celui, plus courant, du compas à deux branches qui sert à tracer des cercles).

compulser, *v.* Consulter attentivement un ouvrage.

confirmé(e) ou **consacré(e)**, *adj.* Se dit d'un artiste qui a fait ses preuves, dont la carrière, l'expérience et les succès sont connus et reconnus.

confluent, *n.m.* Endroit où deux cours d'eau se rencontrent.

congre, *n.m.* Poisson des mers gris argenté, très long (de 1 à 3 m), appelé aussi « anguille de mer ».

consacrée(e), *adj. Voir confirmé* *.

conserverie, *n.f.* Usine où l'on met des aliments en conserve.

consteller, *v.* Parsemer de petits points brillants, d'étoiles.

consulat, *n.m.* Résidence d'un consul, l'agent chargé officiellement, dans un pays étranger, de veiller sur les personnes du même pays que lui.

contemporain(e), *adj.* Qui est du temps présent ; qui est de la même époque que...

contravention, *n.f.* Papier *enregistrant* * une infraction au code de la route, à une loi, et qui oblige à payer une certaine somme d'argent, ou amende.

contrefort, *n.m.* Élément de maçonnerie construit contre un mur pour le soutenir.

coque, *n.f.* Partie extérieure du navire.

corail, *n.m.* Animal à plusieurs cellules, à squelette de calcaire, vivant en colonies.

corvette, *n.f.* Navire de guerre proche de la *frégate* *.

cossu(e), *adj.* Riche (se dit plus des choses inanimées que des personnes).

coucou, *n.m.* Sorte d'horloge de bois qui, pour marquer les heures, fait entendre le son « coucou ! » et fait sortir d'une petite fenêtre un petit oiseau autant de fois qu'il y a de coups sonnés.

couplet, *n.m.*, ou **strophe**, *n.f.* Chacun des morceaux d'une chanson comportant le même nombre de vers séparés par un *refrain* *.

crash, *n.m.* Écrasement au sol d'un avion (mot anglais qui se prononce [kraʃ]).

crevasse, *n.f.* Fente étroite et profonde dans un glacier ou dans le sol.

crevasser (se), *v.* Se fendiller, se fissurer.

critiquer, *v.* Émettre un avis (une critique peut être bonne ou mauvaise).

croiser ou **métisser**, *v.* Faire se reproduire ensemble deux races d'animaux différentes.

croiseur, *n.m.* Navire de guerre puissamment armé assurant des missions de surveillance et de protection.

croître, *v.* Pousser (en parlant d'un végétal), grandir.

crosne, *n.m.* Petit *tubercule* * dont la chair a un goût semblable à celui du salsifis.

croupi(e), *adj.* Se dit d'une eau qui est restée trop longtemps stagnante et qui contient des matières qui pourrissent.

cuirassé, *n.m.* Grand navire de guerre, puissant et blindé, doté d'une artillerie lourde (canons, obus...).

cupide, *adj.* Qui aime énormément l'argent.

D

dallé(e), *adj.* Dont le sol est composé de dalles.

darder, *v.* Envoyer avec force (en parlant des rayons du soleil).

débâcle, *n.f.* Rupture de la glace d'un cours d'eau causée par le dégel.

débiter, *v.* Découper la viande en morceaux pour la vendre.

déblayer, *v.* Enlever, ôter les débris, les déchets, tout ce qui peut être embarrassant.

débrousser, *v.* Défricher, en Afrique.

décade, *n.f.* Période de dix jours (attention : dans le sens de « période de dix ans », il faut utiliser « décennie »).

décimer, *v.* Faire mourir un très grand nombre de personnes.

défaillant(e), *adj.* Qui se porte mal (en parlant d'une affaire, d'un commerce).

déferler, *v.* En parlant des vagues, rouler et s'abattre brusquement et violemment.

défiler, *v. Voir manifester* *.

défriché(e), *adj.* Qui a été préparé pour être cultivé, en parlant d'une terre.

délabré(e), *adj.* En très mauvais état, en ruine.

delta, *n.m.* Endroit généralement de forme triangulaire, rempli d'*alluvions* *, à l'*embouchure* * de certains fleuves qui se divisent en plusieurs bras ramifiés.

démonté(e), *adj.* Se dit de la mer lorsqu'elle est très violemment agitée.

dénicher, *v.* Aller retirer d'un nid (des oisillons, des œufs, des oiseaux).

dénombrer ou **recenser**, *v.* Compter le nombre de personnes qui habitent dans une ville, un pays.

denrées, *n.f.pl.* Marchandises.

dense, *adj.* Compact, épais (en parlant de la brume, du brouillard).

dépayser (se), *v.* Quitter un endroit, un cadre pour les oublier, en voyageant dans un tout autre endroit.

dépecer, *v.* Mettre en morceaux, découper la viande d'un animal mort.

dérailler, *v.* Sortir des rails d'une voie de chemin de fer (en parlant d'un train).

dériver, *v.* Dévier de sa direction en parlant d'un navire.

dériveur, *n.m.* Voilier muni d'une dérive (aileron immergé qui empêche un bateau de *dériver* *).

désaffecté(e), *adj.* Qui n'est plus utilisé ni habité depuis longtemps.

descendance, *n.f.* Ensemble des membres d'une famille qui à l'origine sont issus des mêmes personnes.

détroit, *n.m.* Bras de mer étroit qui sépare deux terres.

devanture, *n.f.* Vitrine.

dévié(e), *adj.* Dont le trajet est modifié vers une autre direction.

devise étrangère, *n.f.* + *adj.* Monnaie d'un autre pays que le pays où l'on se trouve (*Ex.* : la livre anglaise est pour nous, Français, une devise étrangère).

diesel, *n.m.* Locomotive actionnée par un moteur diesel (se prononce [djezɛl]) [un moteur diesel fonctionne grâce au gazole].

digeste, *adj.* Qui se digère facilement (en parlant de la nourriture).

dilapider, *v.* Dépenser, gaspiller de l'argent.

diligent(e), *adj.* Qui agit en montrant de la rapidité et de l'efficacité.

dinosaures, *n.m.pl.* Groupe de reptiles de l'ère secondaire, de tailles et de formes variées.

diplodocus, *n.m.* Reptile de la préhistoire appartenant au groupe des dinosaures.

disséminé(e), *adj.* Éparpillé.

dissertation, *n.f.* Rédaction, composition en langue française où l'on doit traiter d'un sujet ou d'une question de philosophie ou de littérature.

dissiper, *v.* Distraire ses camarades en faisant régner l'indiscipline.

dissiper (se), *v.* Disparaître peu à peu.

doryphore, *n.m.* Insecte rouge ou jaune strié de noir qui s'attaque aux feuilles de pomme de terre et est *nuisible* * aux récoltes.

draguer, *v.* Nettoyer le fond d'un fleuve en curant (raclant) les dépôts qui s'y trouvent.

drainer, *v.* Retirer l'eau qui est en trop.

drakkar, *n.m.* Navire à rames et à voiles carrées de pirates venus du Nord au Moyen Âge (les Vikings).

droguiste, *n.m.* Commerçant qui vend des produits d'hygiène et d'entretien de la maison.

dru(e), *adj.* Serré, ou touffu.

d'un trait (lire), *loc.* Lire rapidement et complètement.

duper, *v.* tromper.

E

ébène, *n.m.* Bois exotique d'un noir très foncé.

ébrancher, *v.* Couper les branches.

ébranler (s'), *v.* En parlant d'un train, se mettre en route, démarrer.

écailler, *v.* Retirer les écailles de la peau d'un poisson.

échasses, *n.f.pl.* Longues pattes en hauteur de certains oiseaux, appelés « échassiers » (comme le héron, le flamant rose).

échouer, *v.* Toucher le fond de la mer (en parlant d'un navire, un bateau) et s'y immobiliser.

écimer, *v.* Couper la cime d'un arbre.

éclaircir, *v.* Arracher des arbres pour rendre une forêt plus claire, moins épaisse.

école laïque, *n.f. + adj.* École publique où l'on ne reçoit pas d'enseignement religieux.

École navale, *n.f. + adj.* École où l'on forme des officiers de marine.

École normale, *n.f. + adj.* École où l'on suit une formation pour devenir professeur.

économe, *n.m. ou f.* Personne qui, dans un établissement scolaire, est responsable des finances.

écorné(e), *adj.* Dont le haut de la page en angle droit est plié, abîmé.

écoutille, *n.f.* Ouverture dans le pont d'un navire par laquelle on pénètre dans la *cale* *.

écumant(e), *adj.* Qui présente de l'écume en grande abondance à la surface.

écumer, *v.* Porter de l'écume (mousse blanche) à la surface.

edelweiss, *n.m.* Fleur de montagne en forme d'étoile blanc argenté qui pousse à très haute altitude.

édifier, *v.* Bâtir, construire, monter un édifice.

effaroucher, *v.* Faire peur à, effrayer.

élaguer, *v.* Couper les branches d'un arbre, d'un arbuste.

emblème, *n.m.* Objet, image pris comme symbole représentatif.

embouchure, *n.f.* Endroit ouvert où un fleuve se jette dans la mer (ou dans un lac).

émettre, *v. Voir battre* *.

émigrer, *v.* Partir d'un pays pour aller s'établir dans un autre pays.

émoluments, *n.m.pl.* Argent, salaire gagnés dans un emploi.

empailler, *v.* Bourrer de paille un animal mort, afin de le conserver sous l'apparence d'un animal vivant.

empennage, *n.m.* Surface placée derrière les ailes ou la queue d'un avion, qui lui assure sa stabilité (se prononce [ãpenaʒ]).

Empire, *n.m.* Premier Empire : gouvernement politique de la France de mai 1804 à avril 1814, mis en place par Napoléon Ier.

emplettes, *n.f.pl. Voir faire des emplettes* *.

encens, *n.m.* Substance qui, en brûlant, répand une odeur très aromatique.

enclos, *n.m.* Terrain entouré d'une clôture dans lequel sont placés des animaux (par exemple, des chevaux).

endiguer, *v.* Canaliser un cours d'eau, ou une étendue d'eau, à l'aide de digues (la digue est une construction pour arrêter et régulariser les eaux).

engin spatial, *n.m. + adj.*, **navette spatiale**, *n.f. + adj.* Moyens de transport aériens qui permettent de se déplacer dans l'espace.

engouffrer (s'), *v.* S'introduire vivement et rapidement à l'intérieur d'un lieu.

enregistrer, *v.* Constater.

enseigne, *n.f.* Marque, signe extérieur qui se présente sous forme d'un objet qui permet au public de reconnaître facilement une maison, une spécialité, un commerce.

épancher (s'), *v.* Se déverser, couler.

épeler, *v.* Dire à voix haute, lettre après lettre, la façon dont s'écrit un mot.

éphémère, *adj.* Qui dure très peu de temps.

éphémère, *n.m.* Minuscule insecte verdâtre, frêle, dont on dit qu'il ne vit pas plus d'un ou deux jours.

éphéméride, *n.m.* Calendrier composé de petites feuilles dont chacune correspond à un jour d'une année et que l'on retire une à une au fur et à mesure que les jours passent.

épicéa, *n.m.* Arbre voisin du sapin dont les fruits sont en forme de cônes très allongés.

épilogue, *n.m.* Conclusion d'un livre.

équarrir, *v.* Découper la viande d'un animal mort.

équatorial(e), *adj.* De l'équateur ; se dit d'un climat chaud caractérisé par des pluies régulières et beaucoup d'humidité.

équipage, *n.m.* **1.** Ensemble du personnel de bord d'un avion (pilote, copilote, hôtesses, stewards...). **2.** Tous les membres du personnel qui assure le bon fonctionnement d'un bateau, d'un navire.

équiper, *v. Voir armer* *.

ériger, *v.* Dresser, construire, bâtir (en parlant d'un monument, d'une construction).

éroder, *v.* User petit à petit.

escarpé(e), *adj.* Très raide et difficile d'accès.

estuaire, *n.m.* Endroit ouvert, très vaste, où un fleuve se jette dans la mer.

esturgeon, *n.m.* Très grand poisson de mer pouvant atteindre jusqu'à 5 m de long et peser 200 kilos.

étalagiste, *n.m. ou f.* Personne qui s'occupe des vitrines, des étalages d'un commerce.

étamine, *n.f.* Organe de la fleur qui produit et contient le pollen.

étêter, *v.* Couper la tête, le haut d'un arbre.

étioler (s'), *v.* Perdre progressivement la vie, s'affaiblir.

étoile Polaire, *n.f. + adj.* Étoile la plus brillante de la constellation de la Petite Ourse qui indique la direction du nord.

être aux commandes, *loc.* Diriger.

étrennes, *n.f.pl.* Argent que l'on donne traditionnellement en cadeau au nouvel an.

évaluer (son argent), *v.* Donner le prix, la valeur, estimer la somme d'argent que l'on possède.

exécrable, *adj.* Très mauvais, épouvantable.

exhaler, *v.* Dégager une odeur.

exiler (s'), *v.* Partir vivre loin d'un pays, d'une région, d'une ville.

exquis(e), *adj.* Tout à fait délicieux.

extorquer, *v.* Prendre de force quelque chose à quelqu'un.

F

fabuleux (euse), *adj.* Qui n'existe pas ; imaginaire, inventé dans un conte ou une légende.

face, *n.f.* Côté d'une pièce de monnaie où est représentée une figure, opposé au côté *pile* *.

fade, *adj.* Sans goût, sans saveur.

faire des emplettes, *loc.* Faire des courses.

faire la roue, *loc.* Ouvrir les plumes en éventail (en parlant du *paon* *).

faire naufrage, *loc.* Couler, sombrer (en parlant d'un bateau).

faire prospérer, faire fructifier (de l'argent), *loc.* Faire rapporter de l'argent à une somme que l'on possède déjà ; développer ses richesses.

faire un vol plané, *loc.* Faire une chute en survolant quelque chose.

faire voile, faire route, *loc.* Voyager par mer vers un endroit précis.

fastidieux (euse), *adj.* Long, ennuyeux et fatigant.

faune, *n.f.* Ensemble des animaux d'une région.

faune, *n.m. (mythol. rom.).* Divinité protégeant les troupeaux et l'agriculture.

faux, *n.f.* Instrument comportant un manche et une large lame courbée qui sert à couper les plantes à hautes tiges.

felouque, *n.f.* En Méditerranée, particulièrement en Égypte, embarcation légère munie d'une voile et qu'on fait avancer à la rame (mot d'origine espagnole, lui-même dérivé de l'arabe).

ferrer, *v.* Accrocher un poisson qui vient de mordre à l'hameçon en tirant la ligne d'un coup sec.

fil (de l'eau), *n.m.* Direction que prend une eau qui coule.

flèche, *n.f.* Construction élancée placée sur un *clocher* *.

flore, *n.f.* Ensemble de la végétation d'une région.

florissant(e), *adj.* Qui marche très bien, dont les affaires sont bonnes (en parlant d'un commerce).

fonctionnaire, *n.m* ou *f.* Personne employée et payée par l'État (ou les collectivités locales).

fondations, *n.f.pl.* Ensemble des bases d'une maison au niveau du sol et sous le sol.

fortifié(e), *adj.* Qui est entouré de fortifications (murs de défense hauts et épais).

fouisseur, *adj.* Qui creuse la terre (comme la taupe).

fourmilier, *n.m.* Animal à qui son museau allongé et sa langue visqueuse permettent d'attraper les insectes et en particulier les fourmis.

frapper, *v. Voir battre* *.

fredonner, *v.* Chanter à mi-voix.

frégate, *n.f.* **1.** Aux XVIIIe et XIXe siècles, bâtiment de guerre à trois mâts doté d'une soixantaine de canons. **2.** Aujourd'hui, bâtiment d'escorte anti-sous-marin.

frelon, *n.m.* Sorte de très grosse guêpe dont la piqûre peut être extrêmement dangereuse.

frêne, *n.m.* Arbre atteignant 40 m de hauteur au maximum, dont la couleur de bois est très claire.

fréter, *v.* Donner en location (un navire).

frimas, *n.m.* Brouillard épais, froid, formant une gelée blanche.

frisquet(te), *adj. (fam.)* Plutôt frais et piquant (en parlant de la température de l'air).

fructifier, *v. Voir faire prospérer* *.

frugal(e), *adj.* En petite quantité et très simple (en parlant d'aliments).

fucus, *n.m.* Algue brune.

fuselage, *n.m.* Corps d'un avion où sont fixées les ailes et qui comprend la partie où se tient l'équipage.

futaie, *n.f.* Endroit planté d'arbres aux troncs très élevés.

G

galion, *n.m.* Anciennement, grand navire armé qui servait au commerce de l'or et des marchandises précieuses.

gardon, *n.m.* Petit poisson qui vit en eaux douces et dont la chair est sans grande saveur.

gâter (se), *v.* Commencer à moisir ou pourrir, devenir inconsommable.

gauler, *v.* Détacher les fruits d'un arbre et les faire tomber avec une gaule (sorte de long bâton).

généalogie, *n.f.* Science consistant à reconstituer toutes les branches d'une famille par générations, depuis la plus moderne jusqu'à la plus ancienne à laquelle on puisse remonter dans le temps.

gentiane, *n.f.* Fleur de montagne : on rencontre la gentiane à fleurs jaunes, possédant une très haute tige, dont le suc est utilisé pour ses propriétés toniques, et la gentiane bleu vif, très petite, en forme de cône.

geyser, *n.m.* Jaillissement de vapeur et d'eau chaude d'une source souterraine (se prononce [ʒɛzɛʀ]).

gingko, *n.m.* Arbre originaire de Chine dont les feuilles échancrées sont utilisées en médecine pour soigner les troubles de la circulation du sang.

givrer (se), *v.* Se couvrir de givre (couche de glace blanche très fine).

globale, *adj.* Se dit d'une méthode d'apprentissage de la lecture où l'on ne lit pas en détail chaque élément d'une phrase mais où on perçoit globalement un ensemble avant d'en regarder précisément chaque élément.

glouton(ne), *adj.* et *n.* Qui mange beaucoup et comme un goinfre.

gober, *v.* Avaler en une fois et très vite.

goémon, *n.m.* Le *varech** est appelé goémon en Normandie et en Bretagne.

Gorgone, *n.f. (mythol. grec.).* Monstre à corps de femme possédant des ailes et une chevelure de serpent (il y avait trois Gorgones).

gourmet, *n.m.* Qui apprécie, aime avec raffinement la bonne cuisine et les bons vins.

goyave, *n.f.* Fruit exotique (Amérique *tropicale* *) du goyavier, à la chair parfumée et sucrée.

greffer, *v.* Insérer dans un arbre, un arbuste, une branche qui lui est étrangère, afin qu'elle y pousse naturellement.

grésil, *n.m.* Pluie de grêlons fins et friables (le l final se prononce).

grossiste, *n.m.* Marchand qui se trouve entre le producteur et le commerçant revendeur.

gymnase, *n.m.* Endroit fermé où l'on s'entraîne à certains sports, en particulier à la gymnastique.

H

hanneton, *n.m.* Insecte herbivore et *nuisible* * qui vit en Europe et a été très courant en France.

Harpagon, *n. pr.* Personnage principal d'une pièce de Molière, *L'Avare*, très célèbre par son avarice (est avare une personne qui garde précieusement son argent sans le partager ni le dépenser).

hâtif (ive) ou **précoce**, *adj.* Se dit d'un fruit ou d'un légume dont la récolte arrive tôt dans l'année.

haut-relief, *n.m.* Sculpture très en relief sur la surface d'un monument.

héron, *n.m.* Grand oiseau échassier *(voir échasses *)* à très long bec et très long cou qui vit au bord des eaux et se nourrit de poissons et d'autres animaux aquatiques.

hiberner, *v.* Demeurer endormi pendant la saison de l'hiver et ne pas sortir de son refuge (en parlant de certains animaux).

honoraires, *n.m.pl.* Somme d'argent que l'on verse à des personnes exerçant une profession libérale (*Ex.* : avocat, médecin) en contrepartie des services ou du travail qu'elles effectuent pour nous.

horripilant(e), *adj.* Agaçant au plus haut degré.

houleux (euse), *adj.* Très agité (en parlant de la mer).

hydraulique, *adj.* Qui fonctionne grâce à la force, à l'énergie de l'eau.

hydravion, *n.m.* Avion qui peut à la fois amerrir et décoller de l'eau.

hydre, *n.f. (mythol. grec.).* Animal fabuleux en forme de serpent d'eau.

hydroglisseur, *n.m.* Bateau à fond plat qui peut se déplacer grâce à une hélice aérienne.

hydromel, *n.m.* Sorte de boisson alcoolisée courante en Bretagne (fermentée ou pas) composée de miel dans de l'eau.

I

igname, *n.f.* Plante *tropicale* * grimpante dont on consomme le *tubercule* * allongé, farineux.

impasse, *n.f.* Rue sans *issue* *.

imperceptible, *adj.* Trop faible pour être facilement perçu.

impérissable, *adj.* Qui dure toujours.

impétueux (euse), *adj.* Très fort et qu'on ne peut pas contenir ni canaliser.

improviser, *v.* Composer un air musical sans aucune préparation.

inaugurer, *v.* Livrer quelque chose au public pour la première fois.

incommode, *adj.* Difficile, où l'on n'est pas à l'aise, désagréable.

inconsommable, *adj.* Qui n'est pas mangeable, pas consommable.

inculquer, *v.* Faire apprendre, enseigner avec force quelque chose à quelqu'un.

indigent(e), *n.* et *adj.* (Personne) extrêmement pauvre.

indigeste, *adj.* Qui se digère difficilement (en parlant de la nourriture).

industrieux (euse), *adj.* Habile, actif et dynamique.

inflorescence, *n.f.* Manière dont les fleurs sont groupées sur une plante (*Ex.* : en grappe, en épi, etc.).

ingénieux (euse), *adj.* Habile et inventif.

ingrat(e), *adj.* Se dit d'un travail difficile qui procure peu de satisfactions.

ingurgiter, *v.* Avaler (des aliments).

insalubre, *adj.* Qui ne possède pas une hygiène correcte ; mauvais pour la santé.

institut, *n.m.* Établissement de la recherche scientifique, de l'enseignement.

instructif (ive), *adj.* Par lequel on apprend des connaissances.

Instructions officielles, *n.f.pl. + adj.* Document officiel donnant les directives, les consignes du programme de l'Éducation nationale à suivre pour chaque niveau de classe, en chaque matière.

intendant, *n.m.*, et **intendante**, *n.f.* Personne chargée de l'administration financière d'un établissement scolaire.

investir, *v.* Envahir, occuper (en parlant d'un lieu).

irriguer, *v.* Faire venir de l'eau sur des terres pour les arroser.

isard, *n.m.* L'isard est le *chamois* * des Pyrénées.

issue, *n.f.* Sortie.

IUT ou **I.U.T.**, *m.* Sigle pour Institut Universitaire Technologique. On y reçoit une formation supérieure située entre celle de technicien et celle d'ingénieur.

J

jadis, *adv.* Autrefois.

jarre, *n.f.* Grand récipient oblong, en terre ou en grès, qui sert à conserver des liquides (eau, huile...).

jaser, *v.* Crier (en parlant de la pie, du geai, du perroquet).

jeux électroniques, *n.m.pl. + adj.* Jeux qui utilisent l'électricité pour transmettre les images et assurer les mécanismes des jeux.

jeux vidéo, *n.m.pl. + adj.* Jeux utilisant l'écran et les mécanismes électroniques *(voir jeux électroniques *)*.

jonque, *n.f.* Voilier à fond plat dont les voiles en nattes ou en toile sont jointes à des lattes de bambou horizontales, et qui sert au transport ou à la pêche en Extrême-Orient (mot d'origine portugaise, lui-même dérivé du javanais).

jours fériés, *n.m.pl. + adj.* Jours où l'on ne travaille pas à cause de fêtes ou de commémorations (11 Novembre, Noël...).

jujube, *n.m.* Fruit rouge à noyau dont la pulpe est blanche et sucrée, produit par le jujubier.

jungle, *n.f.* Végétation *luxuriante* * composée d'arbres, de broussailles, de *lianes* *, de hautes herbes, qui pousse en climat chaud et humide (Inde...).

K

kaki, *n.m.* Fruit exotique de couleur jaune orangé dont la forme rappelle celle de la tomate.

kayak, *n.m.* **1.** Bateau de pêche du Groenland, fabriqué en bois et recouvert de peau de phoque. **2.** Bateau de sport à rapprocher du canoë (mot inuit).

kit (en), *loc.* Prêt à être monté (en parlant d'un objet, d'un meuble en pièces détachées).

L

laitance, *n.f.* Substance molle constituée par la semence des poissons, que l'on peut consommer.

laiton, *n.m.* Métal jaune, alliage de cuivre et de zinc.

lame de fond, *n.f. + compl.* Énorme vague qui s'élève brutalement du fond de la mer.

lampion, *n.m.* Récipient contenant une flamme, qu'on utilise comme lanterne pour les festivités nocturnes.

languissant(e), *adj.* Qui manque d'énergie ; qui marche moyennement, dont les affaires ne sont plus très bonnes.

larguer les amarres, *loc.* Quitter le port pour un voyage en mer (en parlant d'un bateau ; *voir appareiller* * = lever l'ancre).

larve, *n.f.* Forme première du poisson avant qu'il ne se développe et ne devienne adulte.

latéral(e), *adj.* Qui est sur le côté.

lecture optique, *n.f. + adj.* Lecture qui se fait au moyen d'un appareil qui visionne directement (des codes...).

levant, *n.m.* Synonyme poétique d'*orient* *.

liane, *n.f.* Plante dont la longue tige s'enroule ou s'accroche à un support.

libérer, *v.* **1.** Laisser aller librement. **2.** Rendre la liberté.

licorne, *n.f.* Animal légendaire au corps de cheval, avec une grande corne au milieu du front.

ligne, *n.f.* Trajet d'un endroit à un autre effectué par un transport public.

limitrophe, *adj.* (En parlant d'un pays) qui a une ou des frontières en commun avec un autre pays.

limon, *n.m.* Terre fine déposée sur les bords d'un fleuve par ses eaux.

lisière ou **orée**, *n.f.* Bordure, limite, d'une forêt, d'un bois.

lit, *n.m.* Creux dans la terre où coulent les eaux d'un fleuve.

litchi (**letchi** ou **lychee**), *n.m.* Fruit assez petit, à noyau, recouvert d'une peau écailleuse rosée, dont la pulpe blanche contient un suc parfumé.

looping, *n.m.* Figure acrobatique que dessine un avion dans le ciel (mot anglais ; se prononce [lupiŋ]).

loutre, *n.f. Mammifère* * carnivore qui possède des pattes palmées lui permettant de nager.

luciole, *n.f.* Petit insecte ailé dont le corps semble produire de la lumière.

luxuriant(e), *adj.* Qui pousse en abondance.

lyrique, *adj.* Qui chante dans les opéras.

M

madrépores, *n.m.pl.* Sorte particulière d'animaux des mers chaudes, à squelette calcaire, qui vivent généralement en colonie.

mah-jong, *n.m.* Jeu originaire de Chine que l'on joue à plusieurs et qui est proche des dominos.

mal famé(e) ou **malfamé(e)** *adj.* Se dit d'un endroit qui est fréquenté par des personnes peu recommandables, à la réputation mauvaise.

malsain(e), *adj.* Mauvais pour la santé, *nuisible* *.

mammifères, *n.m.pl.* Animaux qui possèdent des poumons et dont les femelles, avec leurs mamelles, allaitent leurs petits.

manche à air, *n.f. + compl.* Tube en toile, placé en hauteur, qui sert à indiquer la direction du vent.

mandibule, *n.f.* Élément de la bouche, allongé, situé au-devant des mâchoires de certains crustacés et insectes.

manifester, *v.* Descendre très nombreux dans la rue pour montrer son mécontentement à propos de quelque chose, en défilant et en criant des slogans.

manioc, *n.m.* Plante *tropicale* * dont la racine produit le tapioca (fécule dont on fait des potages, etc.).

manoir, *n.m.* Habitation ancienne, d'une certaine importance, que l'on trouve à la campagne.

mante religieuse, *n.f.* + *adj.* Sorte de très grande sauterelle verte carnassière, munie au-devant de grandes pinces avec lesquelles elle saisit sa *proie* *.

manufacture, *n.f.* Usine, établissement, fabrique où l'on effectue des travaux à la main.

manutentionnaire, *n.m.* ou *f.* Personne qui déplace, porte les marchandises pour les expédier, les stocker, les vendre.

maraîcher, *n.m.*, et **maraîchère**, *n.f.* Personne qui cultive et récolte des légumes et des fruits.

maréchal-ferrant, *n.m.* Personne dont le métier consiste à ferrer les chevaux (clouer des fers à leurs sabots).

marémotrice, *adj.* Qui fonctionne par la force des marées.

maritime, *adj.* Qui est près de la mer ; qui concerne la mer ou la navigation sur mer.

marqueterie, *n.f.* Assemblage de plusieurs bois (ou marbres) créant un joli dessin.

martin-pêcheur, *n.m.* Oiseau de taille moyenne qui vit au bord des eaux où il plonge pour pêcher les poissons dont il se nourrit.

mas, *n.m.* En Provence, maison traditionnelle, ferme.

mastodonte, *n.m.* Énorme *mammifère* * de la préhistoire, à quatre défenses, ressemblant à un éléphant.

masure, *n.f.* Maison *délabrée* * et misérable.

maussade, *adj.* Gris, triste (en parlant du temps qu'il fait).

méandre, *n.m.* Détour sinueux, boucle que fait un cours d'eau.

méduse, *n.f.* Mollusque de taille plus ou moins importante dont le corps en forme d'ombrelle, de consistance transparente et gélatineuse, porte en dessous la bouche et les tentacules.

mélèze, *n.m.* Arbre de montagne qui pousse plus haut que les sapins et porte des aiguilles caduques (qui tombent chaque année).

mémento, *n.m.* Ouvrage qui contient en résumé les notions importantes et essentielles d'un sujet, d'une question.

mener (le jeu), *v.* Être le plus fort dans un jeu, une partie, une manche, par rapport à un ou des adversaires.

mental(e), *adj.* Qui se fait par l'esprit.

menue monnaie, *adj.* + *n.f.* Nom que l'on donne aux petites pièces de monnaie de peu de valeur.

Mer de Glace, *n.pr.f.* Grand glacier des Alpes, dans le massif du Mont-Blanc.

mer de sable, *n.f.* + *compl.* Vaste étendue de sable (qui fait penser à une mer).

météorite, *n.f.* Morceau de corps céleste qui tombe sur un autre astre, en particulier sur la Terre.

météorologie, *n.f.* Science qui étudie les événements atmosphériques et prévoit le temps qu'il va faire dans les prochains jours.

métisser, *v. Voir croiser* *.

métrage (court, moyen, long), *n.m.* Film (court, moyen ou long) estimé en longueur de temps et en mètres de pellicule.

métronome, *n.m.* Petit appareil utilisé en musique qui sert à battre la mesure.

métropole, *n.f.* Capitale (ou ville importante dans un domaine particulier) d'un pays. (Pour certains pays francophones [qui parlent la langue française], la France est la « mère patrie » ou la « métropole ».)

mettre au beau (se), *loc.* Devenir beau en parlant du temps qu'il fait pour une certaine durée.

mettre le cap sur, *loc.* Diriger son bateau vers un lieu géographique précis.

micheline, *n.f.* Petit train monté sur des pneumatiques, de couleur rouge et jaune ou bleu et jaune, suivant les régions, qui effectue plutôt des liaisons et des trajets locaux.

migrateur (trice), *adj.* Se dit d'un animal qui se déplace d'un pays à l'autre suivant les saisons.

minéralier, *n.m.* Navire transportant des minerais.

Minotaure, *n.m. (mythol. grec.).* Monstre mi-homme, mi-taureau.

mistral, *n.m.* Vent du nord-nord-ouest violent, froid et sec, qui souffle dans le midi de la France.

mite, *n.f.* Minuscule insecte dont la larve apprécie les textiles et y fait des petits trous.

mixer, *v.* **1.** Mélanger, en les harmonisant, divers sons. **2.** Unir aux images d'un film les paroles et le son.

modelage, *n.m.* Activité consistant à modeler de la pâte, de la terre, de la cire pour fabriquer une forme, un objet.

motel, *n.m.* Sorte d'hôtel situé près d'une route ou d'une autoroute.

moteur à réaction, *n.m. + compl.* Moteur émettant des gaz sous pression à très grande vitesse qui permettent de propulser l'avion.

mouiller, *v.* Jeter l'ancre *(voir ancrer*).*

moutonner, *v.* Se couvrir de petites vagues portant de l'écume qui font penser au pelage des moutons (en parlant de la mer).

moutonneux (euse), *adj.* Se dit d'un ciel couvert de petits nuages (ressemblant au pelage d'un mouton).

mugir, *v.* Faire entendre un bruit long, grave et profond.

mur du son, *loc.* Ensemble des difficultés qui empêchent habituellement un avion de dépasser la vitesse du son.

myrrhe, *n.f.* Résine parfumée produite par le balsamier.

myrtille, *n.f.* Baie bleu-noir qui pousse sur des arbustes en montagne.

N

naguère, *adv.* Récemment.

naturaliser, *v.* Conserver un animal mort en lui donnant, à l'aide de techniques spéciales, une apparence vivante.

naufrage, *n.m. Voir faire naufrage *.*

navette spatiale, *n.f.* + *adj. Voir engin spatial* *.

nef, *n.f.* Partie centrale de l'intérieur d'une église qui va du portail d'entrée jusqu'au fond, au chœur.

nèfle, *n.f.* Petit fruit charnu arrondi, divisé intérieurement en cinq loges contenant une graine, et qui n'est véritablement bon à consommer qu'excessivement mûr.

névé, *n.m.* Plaque de neige importante transformée en glace près d'un glacier.

nomade, *n.m.* ou *f.* et *adj.* Errant.

noueux (euse), *adj.* Qui présente des nœuds.

nuée, *n.f.* Grande multitude de petites choses ou d'êtres formant comme un nuage.

nuisible, *adj.* Qui n'est pas bon pour, qui fait du tort à.

O

oblitérer, *v.* Poinçonner, marquer un billet avant d'effectuer un transport (par le train, le métro, le bus).

occident, *n.m.* Ouest, côté de l'horizon où se couche le soleil.

odyssée, *n.f.* Voyage mouvementé où surviennent beaucoup d'événements.

office, *n.m.* Cérémonie religieuse, messe.

office de tourisme, *n.m.* + *compl.* Lieu, dans une ville, où l'on trouve tous les renseignements touristiques sur l'endroit où l'on se trouve et les alentours et où des personnes renseignent les touristes, les conseillent, les aident à faire des réservations.

oiseau-mouche, *n.m.* Autre nom du colibri, très petit oiseau exotique au plumage coloré et au bec très long et fin lui permettant de piquer le nectar au cœur des fleurs.

ondes, *n.f.pl.* Sorte de vibrations physiques durant une période déterminée.

onéreux (euse), *adj.* Très cher, très coûteux.

opaque, *adj.* Très sombre, obscur, qui ne laisse pas passer la lumière.

orée, *n.f. Voir lisière* *.

organiseur, *n.m.* Sorte d'*agenda* * (éventuellement électronique) où des feuilles mobiles sont destinées à organiser un emploi du temps professionnel.

orient, *n.m.* Est, côté de l'horizon où se lève le soleil.

orme, *n.m.* Arbre atteignant de 20 à 30 m de haut et pourvu de feuilles dentelées, dont le bois est utilisé en menuiserie et ébénisterie.

ouater, *v.* Garnir d'ouate (de coton) [ici, il s'agit d'une comparaison entre la neige et du coton qui formerait un tapis sur le sol].

ouïe, *n.f.* Fente située de chaque côté de la tête du poisson par où il rejette l'eau.

ourler, *v.* Garnir d'un ourlet (il s'agit là d'une comparaison : la neige se dépose sur un mur en une longue bande ressemblant à un ourlet ; emploi littéraire en ce sens).

ovations, *n.f.pl.* Cris, applaudissements marquant la satisfaction, l'enthousiasme du public.

P

pale, *n.f.* Partie plate d'une hélice (en parlant d'un hélicoptère).

pantagruélique, *adj.* Énorme en variété et en quantité d'aliments (en parlant d'un repas). Ce mot vient de Pantagruel, héros géant – créé par Rabelais – qui consommait d'énormes quantités de nourriture.

paon, *n.m.* Oiseau gallinacé (même ordre que la poule) qui se caractérise par de très longues plumes (soit à dominante bleu-vert, soit blanches) qu'il porte en forme de traîne et qu'il ouvre en éventail [on dit alors qu'il *fait la roue* *] (ce mot se prononce [pã]).

papaye, *n.f.* Fruit exotique (des régions chaudes) ayant la forme d'un melon un peu allongé, de couleur jaune orangé (se prononce [papaj]).

parasite, *adj.* Qui vit et se nourrit à partir d'un autre élément.

parasites, *n.m.pl.* Perturbations, brouillages.

parcmètre, *n.m.* Petit appareil placé près des sites de stationnement qui permet aux automobilistes de prendre un ticket de stationnement en payant avec une carte ou des pièces de monnaie.

parterre, *n.m.* Portion de terre, dans un jardin, un parc, qui comporte un arrangement de fleurs, de plantes, de gazon.

pâté de maisons, *n.m. + compl.* Groupe de maisons limité par des rues.

patine, *n.f.* Couleur, généralement plus foncée, que prennent avec le temps certains objets.

patrimoine, *n.m.* Ensemble de biens en commun (bâtiments, monuments, objets, ouvrages, etc.) qui constitue la richesse d'un pays.

patriotique, *adj.* Qui met en avant l'amour de la patrie.

patrouilleur, *n.m.* Petit bâtiment de guerre qui réalise des patrouilles en mer assurant des missions de surveillance et de protection.

pellicule, *n.f.* Sorte de feuille de matière sensible à la lumière utilisée pour faire des photos ou des films.

pépier, *v.* Faire entendre des cris en parlant de petits oiseaux.

percée, *n.f.* Ouverture, chemin dans la forêt.

perche, *n.f.* Poisson carnassier vivant dans les eaux douces et calmes, dont la chair est très estimée.

pérégrinations, *n.f.pl.* Déplacements lointains.

péricliter, *Voir décliner* *.

péripéties, *n.f.pl.* Événements imprévus qui changent le cours d'un voyage.

périple, *n.m.* Grand voyage en mer.

perturbation, *n.f.* Trouble du temps qui se manifeste par des vents violents, des pluies.

pétiole, *n.m.* Petite partie d'une plante qui relie la feuille à la tige (se prononce [pesjɔl]).

phénix, *n.m.* Oiseau imaginaire et légendaire de la taille de l'aigle, aux ailes rouge et or, qui vit plusieurs siècles, brûle et renaît de ses cendres.

piétonnier (ière), *adj.* Se dit d'un endroit uniquement réservé aux piétons et interdit aux automobiles, aux bus.

pile, *n.f.* Côté d'une pièce de monnaie opposé au côté *face* *.

pimpant(e), *adj.* Qui est plein de fraîcheur et d'élégance.

piolet, *n.m.* Bâton d'alpiniste ferré à une extrémité et portant à l'autre un petit fer de pioche.

pionnier, *n.m.*, et **pionnière**, *n.f.* Personne qui est la première – dans un domaine – à faire quelque chose.

piqué, *n.m.* Descente soudaine, en ligne verticale, d'un avion.

pirogue, *n.f.* Embarcation légère, courante en Afrique, en Océanie, qui avance à la voile ou avec des pagaies (mot d'origine espagnole et caraïbe).

pistil, *n.m.* Organe de la fleur qui reçoit le pollen.

plantoir, *n.m.* Instrument terminé en pointe qui sert à faire des trous dans la terre afin d'y planter des graines ou des plants.

plantureux (euse), *adj.* Très copieux et très abondant (en parlant d'un repas).

plate-bande, *n.f.* Dans un jardin, large bande de terre cultivée.

plein tarif, *adj.* + *n.m.* Se dit d'un billet que l'on paie en ne bénéficiant d'aucune réduction.

poker, *n.m.* Jeu qui se joue à 52 cartes par combinaisons de cartes entre elles et qui peut rassembler de trois à sept joueurs.

ponant, *n.m.* Synonyme poétique d'*occident** ou couchant.

pontifical(e), *adj.* Se dit de la ville où habite le pape (le souverain pontife).

portée, *n.f.* Ensemble des cinq lignes horizontales tracées sur un papier où l'on place les notes de musique d'un air, d'une chanson.

potiron, *n.m.* Légume en forme de grosse citrouille.

pousseur, *n.m.* Bateau à moteur qui sert au transport fluvial de marchandises par un convoi auquel il est amarré ainsi qu'à des barges (sorte de péniches) amarrées entre elles.

préau, *n.m.* Dans un établissement scolaire, partie couverte de la cour.

précoce, *adj. Voir hâtif**.

prêle (ou **prèle**), *n.f.* Plante qui pousse au bord des eaux, et dans des lieux humides en général, dont la tige est creuse et garnie de longs épis.

prendre son essor, *loc.* S'envoler en prenant de plus en plus de vitesse.

préretraite, *n.f.* Période de la vie professionnelle d'une personne où, sans avoir encore le droit à sa retraite – attribuée en fonction de l'âge et du nombre d'années de cotisation –, elle ne travaille pas et reçoit des allocations (en attendant que le jour de sa retraite arrive).

primeur, *n.f.* Fruit ou légume qui est mûr et donc consommable tôt dans l'année, avant les autres fruits et légumes de la même espèce.

prodigue, *adj.* Qui donne largement son argent, dépensier.

proie, *n.f.* Animal saisi par un autre animal qui le tue, en général pour le manger.

prologue, *n.m.* Première partie d'un livre, servant de courte introduction à l'action.

propice, *adj.* Favorable.

prospère, *adj.* Qui est en bonne santé et connaît le succès, l'abondance.

prospérer, *v.* Connaître l'abondance, la réussite. *Voir aussi faire prospérer *.*

psychologique, *adj.* Qui se rapporte au comportement, à la vie de l'esprit.

pulpeux (euse), *adj.* Dont la chair est moelleuse.

purgatif (ive), *adj.* Qui facilite l'évacuation des déchets de l'organisme humain.

Q

quatre-quatre, *n.m.* Automobile à quatre grosses roues motrices qui permet de transporter plusieurs personnes.

quémander, *v.* Demander modestement mais avec beaucoup d'insistance.

quille, *n.f.* Partie inférieure de la *coque** d'un navire.

quincaillier, *n.m.* Commerçant qui vend des outils plus ou moins importants, des objets en métal.

R

rabougri(e), *adj.* Qui ne s'est pas complètement développé.

raccommodeur, *n.m.* Personne qui réparait la vaisselle de porcelaine cassée ou ébréchée.

radieux (euse), *adj.* Très beau (en parlant du temps qu'il fait), très brillant (en parlant du soleil).

radiodiffuser, *v.* Diffuser par la radio.

ramer, *v.* Placer des rames – longues tiges – qui servent de support à des plantes grimpantes.

rami, *n.m.* Jeu de cartes (52 cartes + un joker) qui peut se jouer entre 2, 3, 4 ou 5 joueurs.

ramoneur, *n.m.* Personne dont le métier consiste, à l'aide d'un très gros goupillon, à nettoyer les cheminées et à les débarrasser de la suie qui s'est déposée sur leurs parois.

rasé(e), *adj.* Détruit en totalité, ramené au niveau du sol.

raser, *v.* Abattre, démolir complètement un édifice, une maison au ras du sol.

ratatiné(e), *adj.* Se dit d'un fruit qui a réduit de taille, s'est desséché et ridé.

rave, *n.f.* Sorte de chou-navet dont la racine se consomme.

rayée de la carte, *expr.* Se dit d'une ville entièrement détruite, qui n'existe plus.

réaliste, *adj.* Qui est proche de la vie réelle.

reality show, *n.m.* Émission qui restitue des scènes quotidiennes particulièrement dures que vivent certaines personnes.

réassortisseur, *n.m.* Personne qui s'occupe d'approvisionner les rayons d'un magasin (qui commande les articles devenus manquants ou risquant de le devenir).

reboiser, *v.* Replanter d'arbres un lieu où il y en avait eu.

rébus, *n.m.* Jeu où l'on devine un mot à partir de ses syllabes évoquées par des dessins, des chiffres, des signes (*Ex. : raie* [poisson] + *bus* [autobus] = *rébus).*

rebut, *n.m.* Marchandise laissée de côté, considérée comme sans valeur.

recenser, *v. Voir dénombrer* *.

reconvertir (se), *v.* Changer complètement de métier.

recueillir (se), *v.* Réfléchir profondément dans le calme, méditer.

réfection, *n.f.* Remise en bon état.

refrain, *n.m.* Les quelques vers identiques (ou presque identiques) qui reviennent dans une chanson, après chaque *couplet* *.

régate, *n.f.* Course de bateaux.

régime (d'un cours d'eau), *n.m.* Ensemble des variations qui règlent le débit d'un cours d'eau.

remorqueur, *n.m.* Bâtiment de navigation qui sert à remorquer d'autres bateaux d'un lieu vers un autre.

rémouleur, *n.m.* Personne qui passait sur une meule les lames de couteaux, de ciseaux, etc., pour les rendre de nouveau bien aiguisées et tranchantes.

rempailleur, *n.m.* Personne dont le métier est de refaire avec de la paille les sièges des chaises, des fauteuils.

rempoissonner, *v.* Remettre des poissons dans une rivière, un fleuve.

répertoire, *n.m.* Ensemble des chansons que connaît un artiste et qu'il chante habituellement.

ressources, *n.f.pl.* Moyens, richesses dont on dispose pour vivre.

retransmettre, *v.* Transmettre un événement à partir d'un endroit, à la radio, à la télévision.

retrouver le fil, *loc.* Se repérer dans l'enchaînement des événements, le déroulement d'un récit, d'une histoire.

revers, *n.m.* Côté d'une monnaie (ou d'une médaille) opposé au côté principal ou *avers* *.

rigoureux (euse), *adj.* Très dur, rude.

roller, *n.m.* Patin à roulettes moderne (se prononce [ʀɔlœʀ]).

rosser, *v.* Battre avec violence.

roturier (ière), *adj* et *n.* (Personne) qui n'appartient pas à la noblesse.

roussette, *n.f.* Poisson de mer – petit requin – d'environ un mètre à la peau claire tachetée dont on consomme la chair (on l'appelle aussi « saumonette »).

RTT ou **R.T.T.**, *f.* Sigle qui signifie « Réduction du Temps de Travail », c'est-à-dire le fait qu'un salarié travaille 35 heures par semaine au lieu de 39. Cela se traduit par des jours de congé supplémentaires.

ruisseler, *v.* Couler sous forme de petits filets d'eau sur une surface.

rutabaga, *n.m.* Chou-navet à la racine jaune qui sert dans l'alimentation des animaux et parfois des humains.

S

sablé(e), *adj.* Qui a été recouvert de sable.

sablier, *n.m.* Petit appareil de mesure du temps, formé de deux petites ampoules de verre superposées, reliées par un mince conduit, dont l'une, contenant du sable, est renversée pour que le sable s'écoule dans l'autre ampoule pendant un temps précis.

saborder, *v.* Trouer la *coque* * d'un navire sous la ligne de flottaison pour le faire couler.

safari, *n.m.* Voyage au cours duquel on chasse de gros animaux, notamment en Afrique.

salamandre, *n.f.* Petit animal ressemblant à un lézard, généralement noir taché de jaune.

saltimbanque, *n.m.* Personne qui allait de ville en ville et donnait des spectacles de danse, d'acrobatie, faisait des tours de magie.... On emploie ce mot maintenant pour désigner un artiste qui donne un spectacle public.

salubre, *adj.* Dont l'hygiène est bonne, convenable.

sampan ou **sampang**, *n.m.* Sorte de barque d'Asie, à une voile, que l'on dirige à la godille (rame utilisée comme une hélice) et qui possède une petite habitation en forme de dôme pour y abriter les passagers (mot chinois).

santal, *n.m.* Arbuste exotique utilisé en parfumerie ou en ébénisterie.

sarcler, *v.* Retirer, en les arrachant à l'aide d'un outil, les mauvaises herbes.

sardinerie, *n.f.* Usine où l'on met les sardines en conserve.

sargasse, *n.f.* Algue brune longue et flottante que l'on trouve en particulier près des côtes de Floride.

saule, *n.m.* Arbre qui pousse au bord de l'eau et dont les feuilles sont longues et fines.

saumâtre, *adj.* Se dit d'une eau légèrement salée.

science-fiction, *n.f.* Genre de la littérature et du cinéma qui projette le lecteur et le spectateur dans un univers futur ou parallèle en extrapolant sur la science *contemporaine* *.

Scrabble, *n.m.* Jeu de lettres consistant, à partir de la pioche d'un certain nombre de lettres, à composer sur une grille des mots qui prennent une valeur particulière en fonction de leur emplacement et de l'emplacement de certaines lettres (ce mot se prononce [skʀabl] et s'écrit avec une majuscule car c'est un nom de marque déposée).

sédatif (ive), *adj.* Qui calme, rend la tranquillité à une personne nerveuse.

sédentaire, *adj.* Qui reste sur place, sort peu, ne voyage pas.

séjourner, *v.* Faire un séjour, demeurer quelque temps à un endroit.

self-service, *n.m.* Sorte de restaurant où l'on se sert soi-même en choisissant des plats que l'on pose sur un plateau avant de payer le tout à une caisse et de s'asseoir pour les consommer (mot anglais).

semestre, *n.m.* Groupe de six mois consécutifs ; une année se compose de deux semestres : de janvier à juin et de juillet à décembre.

semis, *n.m.* Sur une terre préparée, mise en place de graines que l'on sème.

sépulture, *n.f.* Lieu où un corps humain est officiellement enterré.

séquoia, *n.m.* Conifère immense pouvant atteindre jusqu'à 110 m de hauteur et vivre plus de 2 000 ans, que l'on trouve en Amérique (se prononce [sekɔja]).

serrer le vent, *loc.* Naviguer avec rigueur, au plus près de la direction d'où vient le vent.

serres, *n.f.pl.* Griffes très recourbées et acérées (très tranchantes) que possèdent certains oiseaux de proie comme l'aigle.

signalisation, *n.f.* Ensemble des signaux donnant les règles à respecter sur une route.

signet, *n.m.* Petit ruban cousu dans un ouvrage avec lequel on marque une page. C'est également un morceau de carton (ou d'une autre matière) qui se place dans un livre afin de marquer une page.

singulier (ière), *adj.* Qui se différencie des autres ; original.

sirocco, *n.m.* Vent très chaud et sec qui souffle du Sahara sur le sud méditerranéen.

skiff, *n.m.* Bateau de sport fin et long à un seul rameur (mot anglais).

slalom, *n.m.* Descente à skis dans laquelle il faut contourner un certain nombre d'obstacles marqués par des piquets entre lesquels il faut passer.

slalomer, *v.* Faire un *slalom* *.

sourdre, *v.* Sortir de terre en parlant de l'eau.

soute, *n.f.* Endroit de l'avion où l'on place les bagages, les marchandises.

soutier, *n.m.* Matelot chargé d'alimenter en charbon les soutes des chaufferies d'un navire.

souverain (aine), *adj.* Dont le pouvoir important est respecté (en parlant d'un pays).

spacieux (euse), *adj.* Suffisamment large, où l'on peut évoluer avec aisance.

speaker, *n.m.*, et **speakerine**, *n.f.* Animateur, animatrice de radio ou de TV qui présente des programmes, des émissions.

sphinx, *n.m.* (*mythol. égypt.*, puis *grec.*). Monstre à corps de lion et tête humaine (parfois ailé) qui gardait les sépultures.

squameux (euse), *adj.* Se dit de la peau couverte d'écailles du poisson (emploi littéraire).

steamer, *n.m.* (vieilli). Bateau à vapeur (mot anglais qui se prononce [stimœʀ]).

strophe, *n.f. Voir couplet *.

style, *n.m.* Dans le domaine de l'art, manière particulière dont une œuvre est réalisée en fonction d'une époque ou d'un artiste.

subtil(e), *adj.* Qui demande de l'intelligence et de la finesse d'esprit.

suinter, *v.* S'écouler en de fines gouttes d'eau.

surplomber, *v.* Se trouver au-dessus de, dominer du haut de quelque chose.

synchroniser, *v.* Dans un film, faire concorder au bon moment l'image avec le son.

syndicat d'initiative, *n.m.* + *compl.* Organisme français qui est chargé de développer le tourisme d'une région, d'une ville.

T

taché(e), *adj.* Qui présente sur la peau des taches dues à un choc ou à un vieillissement.

talé(e), *adj.* Se dit d'un fruit *taché* * et dont la chair a été meurtrie.

tanguer, *v.* Se balancer dans un mouvement d'avant en arrière.

tanker, *n.m. Bateau-citerne* * transportant des produits pétroliers (mot anglais qui se prononce [tɑ̃kœʀ]).

taon, *n.m.* Insecte à deux ailes qui ressemble à une très grosse mouche allongée et dont la femelle pique les humains et les animaux dont elle suce le sang (se prononce [tɑ̃]).

taudis, *n.m.* Logement mal entretenu, sale et où règne la misère.

tavelé(e), *adj.* Qui présente de petites taches.

télébenne, *n.f.* Téléphérique à un seul câble portant un grand nombre de petites cabines. Chacune de ces cabines est aussi appelée « télébenne ».

terme, *n.m.* Fin.

terre-neuvier, *n.m.* Navire utilisé pour les campagnes de pêche à Terre-Neuve (à l'est du Canada).

TGV ou **T.G.V.**, *m.* Sigle signifiant « Train à Grande Vitesse » et désignant un train qui permet d'effectuer en un temps minimum record la liaison entre de très grandes villes.

thermal(e), *adj.* Se dit de l'eau des « sources thermales », généralement chaude ou tiède, dont les propriétés sont utilisées pour soigner ou soulager certaines maladies.

LEXIQUE

thésauriser, *v.* Faire des économies en entassant, amassant de l'argent.

thuya, *n.m.* Petit arbre conifère que l'on plante souvent en haie dans les jardins (se prononce [tyja]).

titre de transport, *n.m. + compl.* Billet, ticket acheté pour avoir le droit de voyager.

tombeau, *n.m.* Tombe monumentale.

ton (dans le), *loc.* En accord musical avec les autres.

topinambour, *n.m.* Plante cultivée pour ses *tubercules* * consommables, à la peau rosée, qui ressemblent à des pommes de terre.

torride, *adj.* Extrêmement chaud et sec ; caniculaire.

tortueux (euse), *adj.* Qui fait des courbes, sinueux.

tournesol, *n.m.* Grande plante à la haute tige terminée par une très grosse fleur ronde aux pétales jaune d'or et au cœur brun, qui se tourne avec le soleil.

tracter, *v.* Tirer grâce à un véhicule motorisé.

tragi-comique, *adj.* À la fois tragique et comique.

train d'atterrissage, *n.m. + compl.* Appareillage qui permet à l'avion d'atterrir en douceur.

traité, *n.m.* Ouvrage d'enseignement dans lequel on traite de façon détaillée et approfondie d'une matière particulière.

traitement, *n.m.* Salaire mensuel d'un *fonctionnaire* * reçu en contrepartie de son travail.

tramontane, *n.f.* Vent du nord-ouest, violent, froid et sec, qui souffle dans le Languedoc et le Roussillon.

transept, *n.m.* À l'intérieur de l'église, partie transversale qui sépare le *chœur* * de la *nef* *. (Le **p** et le **t** finals de « transept » se prononcent.)

transhumance, *n.f.* Période de l'année où le bétail (vaches, moutons...) quitte (en été) son pâturage d'hiver dans la vallée pour aller brouter l'herbe de la montagne, puis (en automne) période où il redescend dans la vallée.

transporter, *v.* Enthousiasmer.

transversal(e), *adj.* Se dit d'une voie qui coupe en travers une autre voie.

trimaran, *n.m.* Embarcation à voile possédant trois *coques* *.

trimestre, *n.m.* Groupe de trois mois consécutifs (*Ex.* : premier trimestre de l'année : janvier, février, mars ; quatrième trimestre de l'année : octobre, novembre, décembre).

triton, *n.m.* Petit animal amphibien à quatre pattes et à queue aplatie qui vit surtout dans les pays de l'hémisphère Nord.

tronçonneuse, *n.f.* Machine électrique qui sert à scier les troncs d'arbres ou à *élaguer* * les branches.

tropical(e), *adj.* Des tropiques ; au climat régulièrement chaud.

trou d'air, *n.m.* + *compl.* Sensation de descente soudaine lorsque l'on se trouve dans un avion, suivie d'une reprise de l'équilibre.

trucage (ou **truquage**), *n.m.* Procédé que l'on utilise au cinéma pour créer une illusion, inventer une autre réalité que celle qui existe.

tubercule, *n.m.* Petite forme arrondie apparaissant sur une tige, une racine.

tuer le temps, *loc.* Occuper son temps comme on peut pour éviter de s'ennuyer trop.

turbotrain, *n.m.* Train qui fonctionne grâce à l'énergie fournie par une ou des turbines (pièce d'un moteur en forme de roue qui tourne sous la pression d'un gaz, de la vapeur, de la vitesse de l'eau).

U

ubac, *n.m.* *Voir adret* *.

usager, *n.m.* Personne qui emprunte régulièrement un moyen de transport (train, métro, bus, tramway).

V

vairon, *n.m.* Petit poisson d'eau douce.

vanter, *v.* Faire la publicité de quelque chose, promouvoir.

varech, *n.m.* Ensemble des algues laissées quand la mer s'est retirée (se prononce [vaʀɛk]).

vaseux (euse), *adj.* Qui contient une grande proportion de vase.

vendanger, *v.* Couper les grappes de raisin mûres dans les vignes.

vendanges, *n.f.pl.* Activités de l'automne au cours desquelles on coupe les grappes de raisin mûres que l'on recueille, puis que l'on presse pour faire du vin.

venimeux (euse), *adj.* Qui contient du venin, dangereux.

véreux (euse), *adj.* Se dit d'un fruit qui contient un ou des vers.

vermeil(le), *adj.* Se dit d'un fruit à la peau rouge vif.

vétuste, *adj.* Qui n'est plus en bon état ; détérioré, branlant.

viscères, *n.m.pl.* Organes qui se trouvent dans la tête, le thorax, l'abdomen d'un animal ou d'un humain.

vivarium, *n.m.* Endroit où l'on fait vivre de petits animaux en reconstituant leur environnement d'origine.

vivier, *n.m.* Sorte de grand aquarium où sont élevés, engraissés, conservés vivants des poissons et des crustacés.

vocalises, *n.f.pl.* Exercices par lesquels un artiste travaille sa voix.

voie, *n.f.* Chemin permettant d'aller d'un endroit à un autre.

voirie, *n.f.* Ensemble administratif veillant à l'entretien des voies de communication.

vol plané, *n.m. + adj. Voir faire un vol plané* *.

vrombir, *v.* Émettre un grondement (comme un fort bourdonnement) en parlant d'un avion à moteur.

Y

yacht, *n.m.* Navire de plaisance à voile ou à moteur (mot d'origine hollandaise qui se prononce à l'anglaise ['jot] ou ['jɔt]).

Z

zézayer, *v.* Prononcer **s** pour **ch** (*Ex.* : dire « sa » pour « chat »), **z** pour **j** (*Ex.* : « zaquette » pour « jaquette », « zinzembre » pour « gingembre »...).

Impression réalisée en France par BRODARD ET TAUPIN
20470 - La Flèche (Sarthe), le 17-09-2003
Dépôt légal : octobre 2003